赢在礼仪

余　静◎主编

U0743574

辽宁科学技术出版社

·沈阳·

世界华人激励导师

马来西亚成功哲学激励训练机构创始人

林金德（博士）

中国素有"礼仪之邦"的美誉，五千年的文明历史更是礼仪文化深厚的土壤。"中国有礼仪之大，故称夏，有章服之美，谓之华"。《论语·季氏》云："不学礼，无以立。"在著名的哲学家苏格拉底、柏拉图、亚里士多德等的著作中都有关于礼仪的论述。礼仪不仅是立身处世之本，还是每个人一生都需要研究的学问。

在如今的商务活动中，礼仪的学习有助于维护企业及个人的形象，同时也是对交往对象表示尊重和友好的方式，与之有尊敬之意，有乐贤之荣，才是有礼有节、事业成功之道。作为马来西亚成功哲学激励训练机构的创办人，我常常奔波于世界各地演讲，在与各地的企业家们交流时，也深深感受到各国不同的风俗、礼仪差异。《赢在礼仪》是一本比较全面的礼仪书籍，涉及到职业场合中方方面面的礼仪规范与准则，俗话说："细节决定成败"，而礼仪正是决定着成败的微小细节！ 在与余静老师多年的交往中，她在工作中百折不挠、执着敬业的工作态度，以及对推动礼仪事业的大爱精神，都深深地感染着我。一直以来，在教育事业上我们都有着一个共同的目标——只有全面提升中国的国民素质，才是中华民族强国之本。

"生命的战场并不是经常为强壮或敏捷的人所操纵，迟早会获胜的人，往往是他认为有能力战胜的人！"《赢在礼仪》是行业精英与成功企业家的职场必修书！

林金德

清华大学企业管理系列研修课程 总策划

北京海天伟业文化发展有限公司 董事长

胡　涛

　　礼仪的学习是每个企业员工乃至总裁的职业必修课，成功的企业必定注重对员工的职业素养、礼仪文化的熏陶。在北京清华大学企业管理总裁班上，余静老师生动、风趣的教授风格及严谨、务实的培训内容，深深地吸引和感染了来自全国各地的企业家、政府领导。余静多年的培训经验与实战积累，让《赢在礼仪》一书成为礼仪培训的经典之作，其中系统地归纳了有关职场礼仪的全方位知识，是成功人士的必读之书！

中国著名高级营养讲师

跨国企业营销总监

高级培训讲师、企业教练

王宗斌

　　认识余静是在一次大型晚会的活动中，她美丽的舞蹈给在场所有人留下了深刻印象！后来有幸聆听了她的礼仪和形象设计课程，她的专业、优雅、智慧让课程生动而实用。

　　而如今，她的课程已经让很多人受益。很欣喜她的书即将面世，这是智慧和经验的结晶！必将影响越来越多的个人、企业、社会团体。衷心祝愿本书可以惠予所有热爱美丽、关注形象的朋友！

Amway 安利（中国）日用品有限公司营销总监

王议萱

　　读到《赢在礼仪》一书，尤为欣喜与感动。和余静老师相识多年，深有感触！她看似柔弱，其实内心充满着无穷的能量，坚韧不拔、执着敬业。她的书籍与她的课程同样精彩。在这本书中细致地阐述了职场人士必知的一些礼仪细节，在人生的职业生涯中，有一句话形容"职场如战场"，在职场中有许多的行为礼仪规范，需要营销精英们去学习和了解！如何成为一个高能力、高素质的人？如何建立高端人脉圈，与品质客户有效沟通？在职场中如何真正成功？在《赢在礼仪》一书中，你都可以找到答案。

英国渣打银行中国区人力资源部上海营运总监（左）

叶阿次（博士）

　　《赢在礼仪》是一本非常适合初入职场的人士阅读的图书，但有很多细节或许职场老手也不知道。拥有它，可以让你少走许多弯路，让你离成功更近一步。

卡耐基教育集团董事长

全球职业生涯规划师

罗美中

美国哈佛大学商学院教材《改变职场生涯实战手册》在开卷写道："职场就是竞技场，表面风平浪静的办公室，其实暗流涌动、陷阱重重！"

也许有不少人认为，要在职场上站稳脚跟，不外乎拥有过硬的本领。殊不知，这种认识已然失之偏颇。正如荀子所说："人无礼则不生，事无礼则不成，国无礼则不宁。"礼仪，不仅是人际关系的调节器，更是每个人职场生涯的助跑器。

我国是历史悠久的文明古国，美名远扬的礼仪之邦。历来重视礼仪理论的研究，我国礼仪文化博大精深，民风淳厚、朴实，关于礼仪方面的著作汗牛充栋，浩如烟海。

改革开放以来，我国市场经济深入发展，各类商务活动日趋繁多，职场礼仪在其中所发挥的作用越来越重要，它是职场及商务活动中体现相互尊重的行为准则。注重职场礼仪，实际上就是为了把握职场成功的密码，因为职场礼仪既是个人和组织良好素质的体现，也是树立和巩固良好形象所必须的。

为了促进和配合职场礼仪的推广，全国专业人才教育专家委员会礼仪专家委员、中华礼仪协会专家委员、清华大学特聘资深礼仪讲师、湖北省"十佳人才官"、卡耐基教育集团礼仪培训总监余静女士编写了这本《赢在礼仪》。该书由四大模块构成，分别是"如何在职场中获得面试官的青睐"、"教你成为人见人爱的职场新人"、"你也可以成为职场业绩王"和"好上司应知晓的职场礼仪"等。其结构科学、严谨，表现形式生动活泼，内容丰富多彩、文风清新、雅俗共赏，讲解了各种职场礼仪，让每个读者一看就懂，一学就会，触类旁通。读完本书，你将会真正明白，职场礼仪同智慧和学识一样重要。成功一定有方法，职场一定有诀窍，本书致力于让你找到真正的在职场迅速胜出的"成功密码"！

前言 PREFACE

光阴似箭，回眸一望，我在教育培训行业已度过近十个春秋，一直以来，严谨、完美是我一贯的工作理念，几千个日日夜夜，从这个城市飞到那个城市，不断地来回穿梭，今天还在北京，第二天很可能就出现在深圳企业的讲台上。在不同的城市，品尝着不同的当地特色美味；在不同的城市，体验着各地不同的风土人情。

一次在北京清华大学的企业总裁班上，一位非常成功的企业家问我："余老师，您是我见到的最优雅、最有奋斗精神的礼仪老师！您习惯这样全国各城市飞来飞去的生活吗？"我笑了笑，像往常一样爽朗地回答："四海皆兄弟，挚交天下友！四海皆是家啊！"说实话，我非常喜欢礼仪教育事业，虽然旅途劳顿，长途跋涉，但每到一处，都会结交到一群良师益友。"礼赢天下！"当不同行业的精英在礼仪课堂上学有所获的时候；当企业受益于礼仪培训，整体素质得到快速提升的时候；当感谢的鲜花、掌声赠予我们的时候，一切的努力都有价值，一切的辛苦都值得！

如今职场精英们要想快速获取成功，不仅需要精湛的专业技能，更需要提高社会的适应能力，快速抢占市场先机。如何更快地建立高端人脉，提升销售精英的市场推广能力，如何在职场取得良好的人际关系，得到老板的认同与赞赏，如何顺利地踏上事业成功之路，希望这本书能帮你找到答案。

中国自古乃礼仪之邦，在夏、商时期，作为言行规范的"礼"就已经有了具体的要求，古代大教育家孔子曰："不学礼，无以立。"又曰："殷因于夏礼，所损益，可知也；周因于殷礼，所损益，可知也。"《荀子·修身篇》称："人无礼则不立，事无礼则不成，国家无礼则不宁。"中国素有"礼仪之邦"的美称。因而，学习礼仪不仅有关个人的修为，同样在事业上如果没有遵循待人处事的礼仪礼节，也很难成功。

在如今竞争激烈的职场上，得体的礼仪无疑将成为职场成功一个重要的因素，一个人举止得体，才可能让别人对你刮目相看；仪表适宜，才不会被人拒之门外，礼貌待人，才会结交到更多的四方挚友。在现实社会中，拥有良好的礼仪，会为你的事业锦上添花。

当同学聚会的时候，大家多年没见，除了很多的感慨和怀念之外，总会有一些惊喜发生，当年那个坐在最后一排的角落，最不起眼的张三，今天变成了张总；当年没有男生愿意多看一眼的李四，今天成为了某家跨国公司的首席执行官；学习成绩远远不如自己的王五，如今当上了众星捧月的局长。为何时隔多年后，差距会如此之大，为何当年平凡无奇的他们，今天能够事业有成，职场春风得意；为何有的

人，满腹经纶却怀才不遇；为何有的人，看起来资质平平，却深得领导的信赖，职场成功的密码到底是什么？如今，很多人在说成功不仅需要智商，更重要的是情商，智商占30%，情商占70%。什么是情商？便是能够了解对方、体谅对方，关心、爱护对方。在什么时候，需要用怎样的方式去恰如其分、大方得体、有礼有节地关照到对方，甚至是每个人的感受，这才是帮助你提升情商，协助你事业成功的关键。在职场，专业技能的具备是重要的一个方面，那么，职场礼仪的学习会让你在市场的激烈竞争中，更明确地知道——为什么要做、做什么、如何做、怎样做才能更好，使还在职场迷茫的你，变得目标明确、信心满满！

　　这本书籍的出版我历经无数个日日夜夜，白天企业授课，夜晚抓紧时间整理思路，时常写书稿至凌晨，而第二天照样强打精神站在面对几百人的演讲台上。心怀着一种责任及使命，历经2年时间，终于完成《赢在礼仪》！希望这本书的出版，能为所有职场精英们提供一套完整的礼仪知识。让日常的工作规范，有理可依，有章可循！在此非常感谢所有为本书的出版发行默默做出贡献的工作人员们，也非常感谢好朋友们的鼎力支持！祝福大家！

　　职场上不懂礼仪，往往会让你因小节而失大体。小A和小B是两位刚走入社会，即将面临职场的不同性格、气质的女生，小C和小D是两位帅气、阳光的男生，让我们一起来见证他们蜕变的职场之路，来揭晓礼仪的奥妙！

余静

CONTENTS 目录

第 1 章

如何在职场中获得面试官的青睐

初入职场，如何准备面试材料？面试如何正确着装？面对主考官锐利的目光，如何才能在最短的时间内，留下良好的印象？面试时如何有效沟通，获得面试官的青睐呢？

阳光灿烂的一天，也是一些年轻人面试的日子，一周前他们来到我的公司，说到了准备面试的情况，我给了他们一些有关面试礼仪的建议，我们一起来看看，准备参加面试的朋友们，你们做到了吗？

○　　○　　○

面试礼仪

面试材料的准备

面对公司的主考官，面试材料的准备非常重要，面试材料是个人学历、能力、经历等全面情况的基本介绍资料。如何让主考官通过简历快速了解自己的特长与优势呢？求职者材料的准备首先要从真实性、全面性、时效性、权威性来衡量。

应聘材料的内容包括：

1. 自荐书或推荐信。

2. 毕业证书、学位证书。

3. 所获得的各类证书。如计算机证书、外语等级证书、获奖证书、荣誉证书等。

4. 学校主管部门出示的，可反映个人学习期间知识结构、专业特色、能力状况、学习成绩等综合素质的评价书。

5. 能证明自己特长的其他相关材料或证书。

如何写自荐书

招聘单位每天可能会接触到许多求职者，除了面试留下的直接印象之外，当天招聘活动结束之后，自荐书就是主考官对应聘者认识、了解的一个重要依据，如何在众多的竞争对手中脱颖而出呢，自荐书的撰写内容与格式非常重要。

1. 自荐书的内容及建议

① 个人简历

个人基本情况：包括姓名、年龄、性别、籍贯、政治面貌等。

学历资历：包括学习院校、社会实践、工作经历等。

特长专项：包括专业技能、获奖资质、权威部门评价等。

② 求职意向

写清自己有意应聘的职业或岗位。

填写意向不宜过多，意向过多会给人缺乏专长、定位不明确的印象；
也不可太过于详细，让自己陷于求职面太窄的被动局面。

③ 证明材料的复印件

学历复印件、身份证复印件、各类荣誉获奖证书、外语或
计算机证书、职业资格证书等。

2. 自荐书的格式

自荐书一般分为标题、称谓、开头、正文、结尾、附件六大部分。

标题：

"自荐书"三个字应写在首行中间位置，字号较正文稍大、字体与正文不同，以示重点。

称谓：

在全文第二行写称谓，如果对招聘单位不了解，可写上"××人事部负责人"；如果对招聘单位有一定了解，可以直接写招聘单位领导的称呼，如"尊敬的王局长"等。

正文：

一般开头需问候语、自我介绍，接下来是准备应聘的岗位，展示自身应聘这个岗位的资质、技能及理由，在表达中注意措辞的严谨与礼节，符合实际地重点表达自己应聘这个岗位的优势，切记用语应有礼有节，张弛有度，不应给人以自夸、自大的感觉。

结尾：

再次强调希望获得此岗位的期盼，在右下角署上自己的姓名、日期。

附件：

主要是相关证明材料、获奖证书、资质证明的复印件及个人照片、身份证等突出展示适应本岗位的材料即可，宜精不宜多，切忌将所有的适合与不适合的材料都放入附件里。

自荐书范例：

××公司负责人

您好！

我是××大学××系的应届毕业生。××××年出生，年满××岁，××省××市人，得知贵企业即将招聘一批××专业的、品学兼优的毕业生。根据自身目前情况，参照贵单位的招聘条件，特向贵单位自我推荐。

在校期间，本人曾担任学生会××委员，具备一定的协调与组织能力。于××年××月被校党支部批准为中国共产党预备党员。

如贵单位能够聘用我，我一定珍惜工作机会，一展所长，运用我的专业技能为单位的发展添砖加瓦！

注　本人基本简历和资质证明材料复印　附后

祝工作顺利！

静盼佳音

×××

××××年××月××日

面试前的资料收集与心理准备

1. 在准备面试前一周内应多了解招聘单位的企业情况，如单位企业文化、员工人数与素质、主要产品、盈利模式、管理层机构、福利保障等。

2. 通过报纸、杂志、互联网等新闻媒体侧面了解该企业的社会形象与品牌。

3. 假想设计招聘单位会提的问题，事先做好回答的准备，如：

① 你认为自己哪方面有优势能适应本企业？

② 你对本企业的发展有何好的建议？

③ 你希望在本企业的薪金待遇是多少？

④ 如果聘请你到本企业，你准备如何开展工作？

4. 学会自我心理暗示。认真思索，总结自己的优势，根据你准备去面试单位的具体情况，分析你争取这个工作岗位的优势，建立强烈的自信心。

面试前所做的资料收集与心理准备远比原始的资质材料准备更重要。个人的资质材料是许多年的积累，不是一日之功就可以马上改变的，面临面试前一周的资料及心理的准备就好比临门一脚，找准目标，集中力量，哪怕是临时抱佛脚，只要是抱对了地方，抱准了方向，也还是非常有用的。

英国戏剧家莎士比亚说："一个人的穿着打扮，就是他的教养、品位、地位的真实写照。"当你面对主考官时，前几秒钟，你的外表、形象已经第一时间跃入主考官的眼帘，是否能给主考官留下一个良好的第一印象，面试的形象与着装非常重要。

招聘现场是正式场合，作为应聘者着装也应正式，需给主考官一个严谨、踏实的印象，着装大方得体，体现有自信、有朝气的年轻人特质。

○　○　○

面试的形象与礼仪

男生面试的形象与礼仪

在经过一番调查了解后，同窗小 C 和小 D 两位相约到一家外贸公司面试。面试前一天，听从了建议，两位男生提前做了相应准备，认真准备好面试资料，反复练习了自己的自我介绍，只是在面试形象上略有异议。

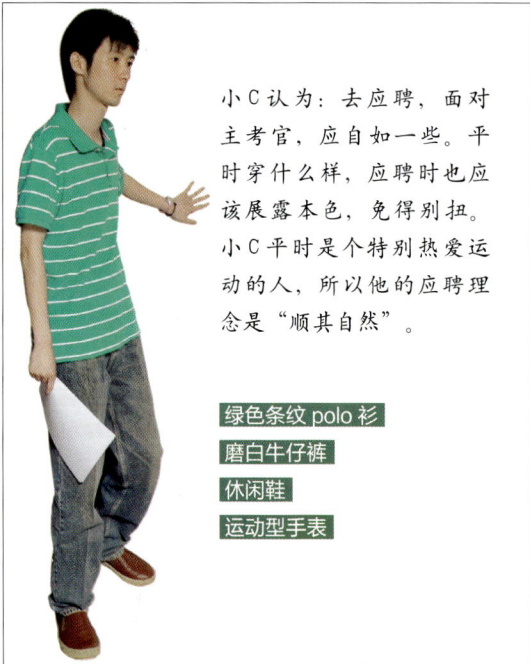

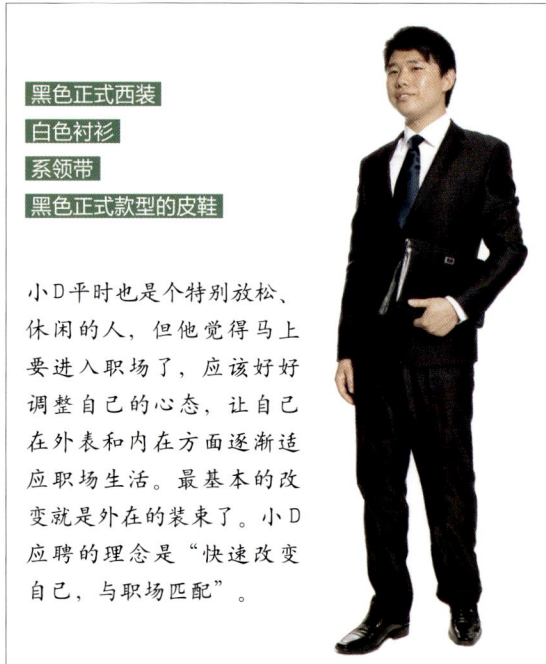

小 C 认为：去应聘，面对主考官，应自如一些。平时穿什么样，应聘时也应该展露本色，免得别扭。小 C 平时是个特别热爱运动的人，所以他的应聘理念是"顺其自然"。

绿色条纹 polo 衫
磨白牛仔裤
休闲鞋
运动型手表

黑色正式西装
白色衬衫
系领带
黑色正式款型的皮鞋

小 D 平时也是个特别放松、休闲的人，但他觉得马上要进入职场了，应该好好调整自己的心态，让自己在外表和内在方面逐渐适应职场生活。最基本的改变就是外在的装束了。小 D 应聘的理念是"快速改变自己，与职场匹配"。

在面试的形象装扮上，您更认同小 C 和小 D 中的哪一位呢？让我们一起来看一看，有关男生在面试形象上的点评和建议。

仪容： 男生面部干净整洁，发型长短适中，清洁无头屑，梳理整齐。

服装： 依职业划分，如果是普通行业的岗位，首选深色西服，切忌条纹、方格、白色西服，给人一种不稳重的感觉，衬衣以白色为佳，不穿彩色条格衬衣及花衬衣。领带是西服最正式的搭配，领带颜色可以稍微明亮一些，但也不应太鲜艳，以单色圆点、正规小方格图案为主，切忌戴斜条纹领带或者卡通、不规则花色或超宽、超窄时尚型领带。西装及西装口袋里不要装太多东西。如果是创意艺术行业，可穿着与其职业相适合的时尚服装。

配饰： 面试时应带手表，给人以重视效率、有时间观念的印象，但记住应带职业表，男生面试时尽量不带卡通表或异形表。

鞋： 以黑色鞋为主，不穿运动鞋、休闲鞋或时尚鞋，最忌拖鞋、凉鞋等露脚的鞋。

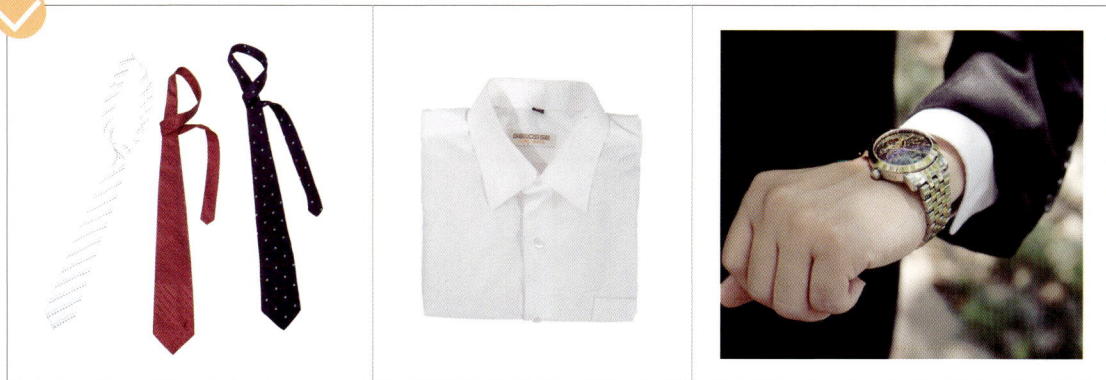

切记不可随意地以学生装去面试，在校园里你习惯了运动服、旅游鞋，可你即将面临的工作岗位，需要的是职场干练的社会形象，而不再是男孩，男士需穿成熟稳重型的衣服，而不是穿休闲随性的衣服。首先在形象上的快速改变让主考官认定你就是这个岗位需要的人，同时也是给自己心理暗示：我已是一名走入职场的男士了，不再是以前整天在操场上打球的那个男孩！

女生面试的形象与礼仪

阳光灿烂的早晨，小 A 和小 B 同去一家公司应聘行政秘书岗位，小 A 和小 B 在生活中一般都是以比较朴素的形象出现，被喻为"清汤挂面式"的女生。去面试前两位同学在形象着装上也产生了非常大的意见分歧。

小 A 认为应该尽可能将形象最闪亮的一面展现出来。

黑色无袖时尚长裙
10cm 高跟鞋
妆容有个性
佩戴大珍珠项链
复古耳环
创意手镯式腕表
随意披肩的长发

一套深蓝色的套装
2~3cm 低高跟鞋
生活淡妆（与套装相协调的眼影，浅淡唇彩）
耳钉式耳环，简朴大方
正规商务手表
将披肩直发盘成大方的后垂式发髻

小 B 认为展现日常风采，还原本我，让对方了解真实的自己最好。

您认为小 A 和小 B 的两种着装方式，谁更适合去应聘行政秘书这一岗位呢？让我们一起来看有关女生面试形象的点评与建议。

仪容：女生在面试前应适当整理发型，面试时长发不适合散乱蓬松，可将头发扎起或盘一个简洁、生活化的发型。发夹颜色一致，数量以不超过 2 个为佳。切忌因为重视这次面试而盲目将自己变成一只花蝴蝶，到专业机构盘一个满头闪亮发夹或夸张设计的发型，或者是临时烫发，这难免会影响到面试官对你的第一印象。女生准备去面试比平时稍加修饰即可，在整体自然的前提下，稍微调整，以整洁、大方、提升自己的精神面貌为主，切不可因发型的突然转变而因小失大。

针对自己的妆容，也应该以淡妆雅色为主，粉底液、粉饼的运用应接近本来的肤色，唇彩浅淡，突出自然光泽，在生活中看起来比较自然为佳，切不可化浓艳的眼影、戴假睫毛、涂亮丽的口红等。太过于新潮的妆容，很难给主考官留下稳重的好印象。

服装：面试时女生的外在形象非常重要，在正式场合裙装比裤装更显正规，要求较严格的单位或工作岗位，则应穿女式套装为佳，裙装长度应在膝盖左右，不应穿着太短的裙装，将有失稳重，整体服饰应大方得体、端庄。女生不适宜在面试时穿着过于前卫、怪异，色彩的整体搭配不宜超过 3 种颜色，尽量选择淡雅或同色的搭配。如果是应聘非常有创意的岗位如广告公司、模特、策划公司等，可穿着较时尚有个性的服装，仍需注意色彩的协调搭配，在视觉上的冲击效果更应和谐，突出对色彩的高度感知。如果一味强调色彩的夸张、对比，将自己变成一只色彩斑斓的大鸵鸟，反而会暴露出在色彩与服饰搭配上的不足，让对方在色彩、创意方面对你失去认可与信赖，如把握不好，还不如以清新大方的形象出现。

配饰：女生的饰品纷繁复杂，去面试前如何正确选择是非常重要的一环。在面试时，饰品的选择从上到下应不超过 3 件，超大夸张型耳环及过分奢华、耀目的项链都不适合，如需佩戴的也应选择耳钉式、盘扣式耳环，手链、脚链都不适宜在面试时佩戴，手表也应尽量选择正式的商务型手表，不宜佩戴戒指表、项链表、手镯表等造型夸张、怪异的手表。在丝巾的选择上，应注意与整体服饰的色彩搭配，以和谐为原则，起到画龙点睛的作用即可，切忌太拖拉，不宜选用超长、超宽、超大等围巾，以免喧宾夺主，掩盖了职业装正式、端庄的风格，应重点突出整体服饰的简洁、干练、职业化特征。

鞋：女生在职场上可穿高跟鞋，但鞋子不宜太高、太怪异，鞋跟以 2~3cm 为佳，便于繁忙工作时的行走，一定需穿包裹住前面脚趾的鞋，不可穿平底鞋、休闲鞋、旅游鞋、拖鞋等。

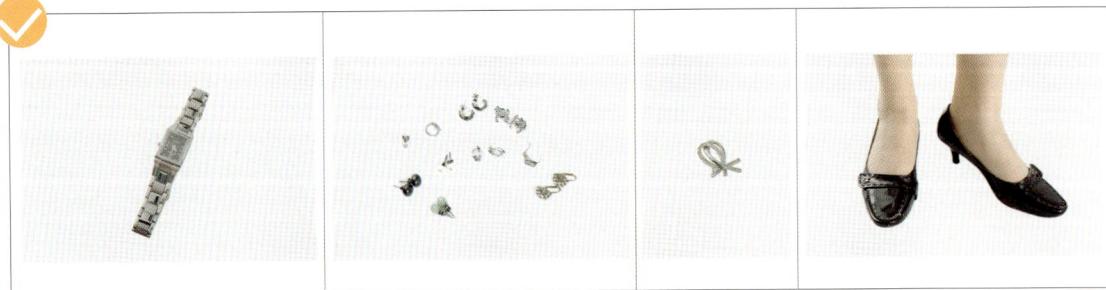

到达面试地点的时间与等待礼仪

在职场中,遵守时间是最基本的美德,在应聘的前一天应提前考察面试地点附近的环境、路线,提前了解往返乘车路线及所需要的乘车时间、公司地址在什么楼层等。在应聘当天应比实际需要的时间提前 30~60 分钟出发,以防堵车等意外情况发生,应提前 15~30 分钟到达面试地点,这样既可表现出求职的诚意,也给对方以信赖感。时间观念也是面试的主要内容之一,同时提前到达面试地点也方便调整自己的心态,可以在正式面试时表现得从容不迫,有礼有节,也可稳定情绪,再次温习一下事先准备的面试问答。

提前到达公司楼下或门口后,在最后的等待时刻,也应重视自己在各方面的仪表、仪态和举止行为。两位同来面试的同学小 A 和小 B 相约一起来到公司的楼下,公司在大厦的 6 楼,在 1 楼等待的大厅里坐满了美丽、帅气的俊男靓女,这家公司是外贸行业中非常有实力的外企,看来前来面试的人还不少。小 A 环视四周,看着这群衣着靓丽的竞争对手们,不由自主从包里掏出化妆盒,对着化妆镜取出口红和腮红,再次整理了一下妆容,小 B 看看小 A 笑了笑。正在这时,电梯到了,还不容下楼的人们走出电梯,急迫的面试者便蜂拥而至,很快挤满了小小的电梯。最后挤入电梯的是一位西装革履的帅气男士,正在这时候"嘀—嘀—嘀"电梯超载的铃声响起来了。小 A 和小 B 也刚踏入电梯挤在其中,大家听到铃声都齐刷地将目光转移到最后一位踏入电梯的这位男士。哪知道男士一脸若无其事的模样,双眼正视前方并无准备走出电梯。眼看着面试时间就要到了,电梯里不知谁的声音响起:"电梯超载了,谁是最后一个上来的快下去吧!"与此同时,此起彼伏"是啊!是啊!""是谁啊?要迟到了,后上的下去嘛!""等下一部电梯嘛!"谁知这位男士仍然一副职业式的微笑,好像事不关己。电梯里的人们开始骚动,眼看一场口舌之战即将爆发,一向和善的小 B 看了小 A 一眼,小声对她说:"你先上楼吧,我马上来!"接着静静地退出了电梯,电梯门"哐当"一下关上了,电梯启动了,将大家快速送到 6 楼。

场景二

当大家急匆匆挤到办公室门口时，最后走进电梯的那一位男士拿着一叠表格，仍然职业式地微笑，径直走进了办公室。大家面面相觑，瞪大了双眼，只听人群中发出一声声叹息："唉！""谁知道呢？""他也是主考官啊！"果不其然这正是参加公司面试的第一道考题，那位帅气的男士已在楼下等待了好久。每位求职者从走进大厦后的每一个举动、言谈都已进入了"隐身考官"的眼帘。提前了解到求职者在考场外的真实表现与真实个性，便于公司更全面地对每一个求职者做出一个真实的评判。

面试礼仪小提示：

　　进入面试现场附近时，就应开始规范自己的言行、举止，如：在公共场合补妆，谈论不利于团结、不利于公司发展的话题，这些行为都应避免。如今，很多外企、大型国企考察新员工不仅是对专业技能的要求，更多是倾向于职业品质与为人修养的要求，选择一位表里如一、内外兼修的职业化高端人才，是众多用人单位所期望的。

面试现场的礼仪

进入面试现场需注意

1. 进入面试现场前，最好关闭通讯工具，以示重视和尊重。
2. 轻轻敲门，得到办公室主考官允许后方可进入。
3. 进门时切忌探头探脑，应大方得体地全身进入，然后轻轻关上门，整个动作自然、从容、自信。

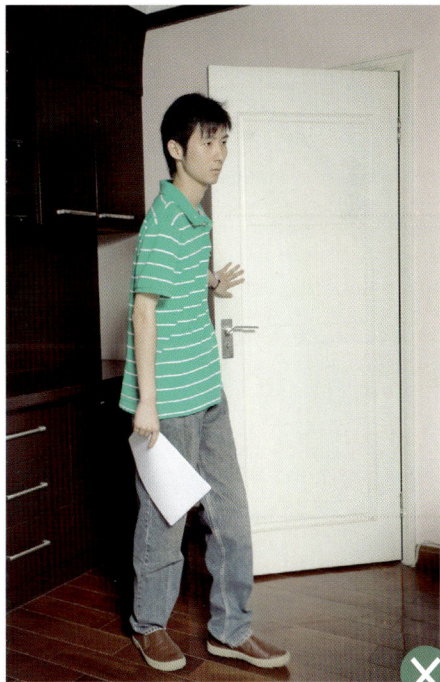

男士坐姿：

1. 护印手坐姿
① 坐于椅子 2/3 处，双脚平行打开，与肩同宽。

② 双手"护印手"。右手压左手，端正坐直。

2. 正式端正的坐姿
① 坐于椅子 2/3 处，双脚平行打开，与肩同宽。

② 双手平放于腿上。

女士坐姿：

1. 标准式坐姿。

2. 双踝交叉坐姿。

3. 微微张开双脚的坐姿。

4. 脚踝盘住收起的坐姿。

5. 两脚交叠的坐姿。

6. 双脚斜放的坐姿。

表情与礼仪

进入面试室后，眼睛应主动自然地与面试官对视，以示尊重。切忌低头含胸、左顾右盼、眼神游离，会给人不自信的感觉。

面部应始终保持自信得体的微笑，态度谦和、有问必答，特别是在面试官有意为难或怠慢，提出刁钻或无理的问题时，也应从容不迫，不能紧锁眉头、抓耳挠腮、爱理不理、板起面孔或者用眼角看人，更有甚者出现勃然大怒等失控表现，无疑会让你为面试做的所有努力付诸东流。有时往往也是一些公司、企业的面试官有意对你的情商、逆商的一种测验与考核，也希望你能有意识地顺利通过与展现。

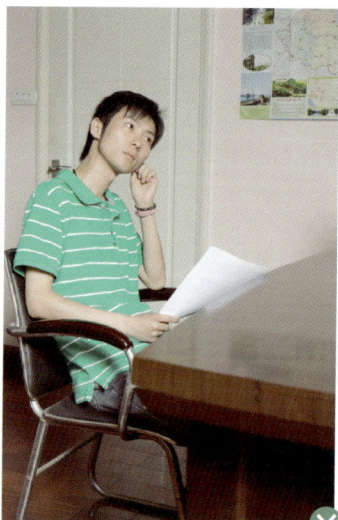

面试时的沟通技巧

1. 正确的语言表达与自我介绍

面试时，求职者的语言表达是直接衡量一个人的综合素质的标尺。学会正确、精练地表达技巧，会给人留下良好的第一印象。如果你在面试时外在形象有所欠缺，这时，语言的表达与自我介绍会给你一个印象加分的难得机会。

沟通时应做到：

① 语速平稳，语调谦和，音量适中。

② 语言顺畅，口齿清晰，大方得体。

③ 善用幽默风趣的表达方式，创造轻松的语言环境。

④ 适当运用经典语句，体现内涵，切忌用口头禅和俚语。

⑤ 注意观察听者的反应，及时调整表达内容及确定何时恰当结束发言。

⑥ 掌握发问的方式与技巧，有礼有节，谦卑有度。当主考官给你发问的机会时，机智得当地提出你的疑问，从问题答案中判断这是否是一份你适合或者需要的工作，也方便事后在工作岗位上的双向选择。

2. 面试时手势运用的技巧

手势是一种"体态语"，体态手势的运用是应聘时语言表达的"加强剂"，恰当地运用手势可以提高整体的自信度与感染力，能较大限度地影响到听者，给人以大方与自信的印象。

① 表示友好的手势

动作要点：手心向上，两手向前伸出，手与腹部平行。

体态语含义：表示敞开心扉，愿意与对方交流、接近，让对方感受到你的坦诚与热情，具有亲和力。

② 表示关注的手势

动作要点：整个身体前倾，稍微贴近对方，双眼注视对方，眼神和谐交流。

体态语含义：当对方在说话或表达时，表示你在认真地聆听，对方可以感受到你对他的尊重和理解。只有先给了对方认同和关注后，对方才会更加专心愉快地倾听你的谈话。面试时更应该如此，才能达到双方互动、交流、互相认同的目的。

③ 表示肯定的手势

动作要点：将一只手伸向前方，掌心向下，从左至右做一个大的环绕的手势，就好像将自己的论点再次确认，包裹进去的含义，表示确定此次的内容。

体态语含义：表示对所说的事件，有把握、自信，可以掌控。确定此次谈话内容是绝对认同和相信的。

面试告别礼仪

当面试官示意面试结束时，你可以较从容地站起身，同时用大方自然的眼神正视面试官，抓住最后的结束语，做自我表达，以展示你的职业素养与期盼的心情，如"非常感谢您能给我这样一个面试的机会，今天也让我收获良多，如果有幸能进入我们公司，我一定全力以赴，用心做好每一件事，还期望今后能继续得到您的指点，谢谢您"，然后欠身行礼，说声"希望下次再见"。当面试官应答或点头示意后，你可面对面试官后退两步，再转身走回到入门处，在入门处转身，再次表示感谢，说"再见"。最后，轻轻关上门，离开现场。

最后，面试回来之后，可以马上写一封感谢信，以表示感谢。感谢信能使主考官及应聘的企业领导感受到你的诚意与迫切期待。感谢信的书写是你成功应聘的又一个机会！如果有幸得知主考官或是其他工作人员的电话，也可主动发出表示感谢的手机短信，可以快速得到对方的认同和好感。

福特的面试故事

美国福特公司是全球汽车行业最大的企业之一，成为人们耳熟能详的汽车著名品牌。可有谁知道，当年意气风发的福特成功应聘进入公司的"敲门砖"，竟然是"捡废纸"这个简单的动作。

当年福特刚大学毕业，到一家汽车公司应聘，与他竞争同一岗位的对手，学历都比他高，可以说进入这家公司的几率非常小。当他敲门走进董事长办公室时，发现门口地上有一张纸，就顺手把它扔进了垃圾篓，董事长把这一切都看在眼里，福特刚说了一句话"我是来应聘的福特"，董事长直接就发出了邀请："很好，很好。福特先生，你已经被我们录用了。"

至此，福特开始了他的辉煌之路，直到把公司改名，创造了汽车行业的奇迹，让福特汽车闻名全世界。

第 2 章
教你成为人见人爱的职场新人

职场办公礼仪是每一位初入职场的朋友，都需要深入了解的一个范畴。它是无声的语言，关乎你在这家公司里是否拥有良好的人际关系，能否很快让新同事接受你，是否能够得到领导的高度认同，能否拥有一条事业成功之路。

小 B 和小 D 同时被录取进外贸公司，由此开始了他们的职场之路。初进新公司，如何快速成为一个受大家欢迎的人，成为了职场新鲜人最关心的问题。

让我们陪伴他们来学习职场办公礼仪，看看如何才能成为一个人见人爱的职场新人。

○   ○   ○

职场第一印象

服饰着装

在国际商务服饰礼仪中的 TPO 原则：在不同的时间、地点、场合，我们的着装应该有所不同。初入职场着装不应太复杂，应以简洁、大方、职业为标准，可以参照应聘时的着装规范。

女士职场服饰的禁忌：

1. 不能披头散发，头发应梳理整齐。
2. 不应穿过于时尚或暴露的衣服。
3. 不要戴太过于夸张的耳环、项链、饰品。
4. 不要穿鞋跟太高、太时尚的鞋子，鞋跟最高不超过 5cm。
5. 着职业装不能配休闲鞋、平底鞋。

男士职场服饰的禁忌：

1. 不能穿太过于时尚或休闲的服装。
2. 不能穿旅游鞋、休闲鞋上班。
3. 不能烫染彩色头发或怪异发型。
4. 不要戴运动型或时尚型手表。
5. 不能戴太过于夸张的男士饰品。

言谈举止

第一次和同事、领导见面，态度表现一定要谦恭有礼。

小 B 是个开朗外向的人，她认为第一次见面就应给同事留下得体的印象。于是第一次到办公室，她非常主动地与每一位同事打招呼，希望互相留电话，同时热情地介绍自己在学校的突出表现及优异成绩，还带了一大包的各类零食，主动分享给每一位同事。哪知事与愿违，办公室的同事们好像不太领情的模样：一副以礼相待，不冷不热的表情。小 B 内心疑惑："咦，我对他们这么友好，为何大家都不领情，我到底哪里做错了？"

点评提示

1. 初次与同事、领导见面，应多表现谦虚、内敛一些，而不应太过热情、夸张。会让人以为来了强劲的竞争对手，无形当中树敌。第一次交流，少说自己的"丰功伟绩"，应多给人一种容易接近与相处的感觉。初来乍到，公司里也同样卧虎藏龙，这样急不可耐地自我推销，会让人觉得太过于浮夸、自鸣得意。

2. 初次见面还未建立信任感，过早要求对方留电话号码是不恰当的。

3. 带零食到公司"讨好"同事与领导，只会快速暴露自己的弱点与不自信，要知道，大部分公司在上班时间是不允许吃零食的。

职场令人不悦的八种行为

1. 职场同事之间应多说积极、愉快的话题，而不要经常向同事抱怨、诉苦，诸如：家庭矛盾、婆媳关系、身体状况、孩子淘气、工作不顺等，更不能对别人谈论的话题从不关心、敷衍应答。

2. 在工作中不断重复谈论一些肤浅的话题，每天唠唠叨叨，只关心鸡毛蒜皮的小事情，患得患失，心态敏感。

3. 没有自己独立的主见，风吹两边倒，一会儿认同这位同事，一会儿赞成那位同事，造成同事间相处不愉快。

4. 在工作中态度过于严肃、紧张，感觉只有自己是最认真、负责的人。整天不苟言笑的模样，喜怒不行于色，言辞单调。

5. 在同事中悄然独立，不与任何人交流，缺乏集体的融入感，任何集体活动都是弃权的态度。

6. 语言的表达方式浮夸、炫耀、粗俗，容易引起大家的不认同与反感。

7. 任何事情以自我为中心，不顾全大局，自私狭隘。于己有利则赞同，于己不利则漠不关心。

8. 太过于热衷取得同事、领导的好感，任何事情不表态、不确定、不得罪人，其实最终在大家心中获得的是一个令人讨厌的印象。

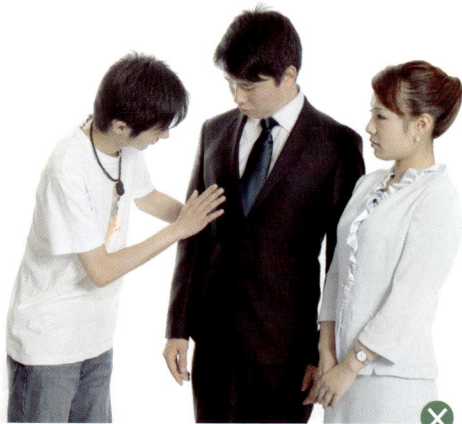

办公室社交十项注意事项

1. 不要频繁到工作繁忙的办公室串门，如有重要的事情协商，应事先约好时间或在办完事情后尽早离开。

2. 不要有目的性地给对方送礼，应多做平时的关心与沟通。需要互送礼物时，也应讲究实用，切不可将"处理品"、"折扣品"等当礼物赠送，会引起对方误会，让人感觉太轻率、不够尊重与重视。

3. 与大家相处，不应过于夸张自傲，也不应自轻自贱、太过于谨小慎微。

4. 不要过于关注别人的隐私，触犯别人的忌讳，刨根问底。

5. 不挑拨是非，不传播消极言论及没有确切证据的流言。

6. 应严于律己、宽以待人，不应一味要求别人配合自己的性格，做事的方式应多包容、多体谅对方。

7. 进入职场，应保持服饰的整洁、卫生，禁忌身体有异味。反之在职场上，太注重服饰的华丽，过于轻佻也会让周围的同事感觉到不自在。

8. 不应在办公室当众修饰自己的妆容与形象，也不应毫无顾忌地做打嗝、吐痰、咳嗽等不雅行为。

9. 尊重公司前辈，长幼有序，礼节有度，不应因职位高低而蔑视年长者。

10. 当公事办完后，应主动向主任告辞，表示感谢，不应不辞而别。

在工作中与同事相处的八大准则

1. 尊重同事，珍惜友情

相互尊重是处理好任何一种人际关系的基础，同事关系也不例外。同事关系不同于亲友关系，它不是以亲情为纽带的社会关系，亲友之间一时的失礼，可以用亲情来弥补，而同事之间的关系是以工作为纽带的，一旦失礼，创伤难以愈合。所以，处理好同事之间的关系，最重要的是尊重对方。

2. 关心同事，主动帮助

对同事的困难主动发现、主动关心。同事如果有困难，通常首先会选择亲朋帮助，但作为同事，应主动询问。对力所能及的事应尽力帮忙，这样会增进双方之间的感情，使关系更加融洽。

3. 物质往来，明了清晰

① 同事之间如果有相互借钱、借物或馈赠礼品等物质上的往来，每一项都应记在备忘录上，以提醒自己及时归还，以免遗忘，引起误会。

② 向同事借钱、借物，应主动给对方打张借条，以增进同事对自己的信任。有时，出借者也可主动要求借入者打借条，借入者应予以理解。

③ 如果所借钱物不能及时归还，应每隔一段时间向对方说明一下情况。在物质利益方面无论是有意或者无意地占对方的便宜，都会在对方的心理上引起不快，从而降低自己在对方心目中的好感。

4. 相互包容，宽以待人

同事之间经常相处，一时的失误在所难免。如果出现失误，应主动向对方道歉，征得对方的谅解；对双方的误会应主动向对方说明，不可小肚鸡肠，耿耿于怀。俗话说"严于律己，宽以待人"，也就是说，对自己严格要求，对同事多存包容之心。在工作中，总会有挫折与不足，当同事做得不够完美或做错事情的时候，多用宽容的心态去对待。人无完人，每个人都会有犯错的时候，也包括自己。用平和的心态去处理突发事件，用包容的方式去对待周围的人，你一定会在办公室里拥有好人缘。

5. 不议隐私，坦诚相待

每个人都有"隐私"，隐私与个人的名誉密切相关，背后议论他人的隐私，会损害他人的名誉，引起双方关系的紧张甚至恶化，因而是一种不光彩的、有害的行为。

6. 公平竞争，以德取胜

公司里人才济济、各有所长，学历也各不相同。有的是博士、硕士，也有的是普通本科毕业，起点本来就不一样。如何才能公平竞争呢？这里说的公平竞争是心态上的公平竞争。某研究所里，一位一向工作拔尖的博士，因为嫉妒一位普通本科同事的研究成果，而采取了极端的行为，将马上就要试验成功的一项科研技术毁于一旦，为国家带了巨大的经济损失。东窗事发，自己也同样遭受着良心的谴责与同行的不屑。与大家同在一所单位任职，应凭借一颗公正、坦荡的心去做任何事情，为人光明磊落，坦诚待人。千万不应在背后做有损于别人，同时也有损于自己形象的事，在任何工作面前，公平竞争、大方坦诚，最终会取得同事的尊重和认可。

7. 同甘共苦，相濡以沫

工作中遇到难题与障碍，切不可嘲笑对方或冷眼旁观事态的发展，"患难见真情"，只有共同努力，同甘苦共患难，才能让你和大家共同建立真正的友谊。

8. 真诚相待，合作共赢

大家能够同在一间公司任职，也是一种缘分。同事之间，以诚相待、和睦相处、共同合作，你会发现互相取长补短，能让工作效率最大化。用自己的所长真诚地帮助同事解决工作中的难题，便犹如"雪中送炭"，无疑会是你们良好友谊的基础，将乐于助人、真诚合作当作你的为人准则。长此以往，你一定会是办公室最受欢迎的人。

如何与上级领导相处

与上级领导相处的礼仪

1. 尊重领导，有令必行

在企业中，树立领导的威信，尊重领导的决策是与上级相处最基本的礼仪，重视领导的一言一行，执行领导的建议，做到有令必行。

2. 提高执行力，支持上级

在工作中，在重大决策面前，快速提高自己的执行能力，全力以赴完成领导交予的工作，支持上级的各项举措。

3. 理解上级，学会换位思考

当遇到暂时不能理解的情况时，也应多从领导者的角度考虑问题，多做换位思考，理解上级做出如此决策的出发点，全盘考虑，尽可能理解、支持领导的意图与决策。

4. 在工作中与上级保持一定的距离，切忌熟而失礼

由于工作的需要，也许我们在生活中有机会和领导一起共餐、一起打球、一起出差，但一定记住，切忌熟而失礼。在职业场合，保持对领导的尊重与人为的距离感是非常重要的，这也是与上级领导相处必知的礼仪。

5. 保持平和的心态，对上级不卑不亢

有部分朋友与领导相处，会出现两种不同的极端心态。一种是一味地溜须拍马，在领导面前如低人一等一般；另一种则是将与领导对质，当成在同事中炫耀的乐趣。这两种心态，都是不可取的，与上级相处，保持平和的心态，做到不卑不亢，才是长久之道，才能真正用自己的实力获得领导及大家的信赖。

与领导共事应具备的素质

1. 积极配合、服从第一

① 对有明显缺陷的领导应积极配合其工作，有好的建议可以用适当的方式提出。

② 有才华且能干的下属更容易引起领导的注意。

③ 领导交待的事情有难度，当其他人退缩时，要有勇气承担，显示你的胆略和能力。

④ 主动向领导汇报、请示工作。

2. 重要工作多请示（"5W 法"）

关键事情（What）

关键地方（Where）

关键时刻（When）

关键原因（Why）

关键方式（How）

3. 持之以恒、敬业耐心

① 工作中需苦干加巧干。

② 对工作要具备耐心、恒心及敬业精神。

③ 应具备不求回报、无偿付出的思想理念与精神。

4. 维护领导、藏匿锋芒

① 领导有错误时，多理解包容，不当众纠正。

② 领导理亏时，留颜面，事后再提建议。

③ 不正面冲撞领导的忌讳和爱好。

④ 学会藏匿锋芒，不能让领导感觉到不如你。

5. 敢于承担、独挡一面

① 要有自己独立的见解。

② 把同事忽略的问题承担下来。

③ 敢于承担重要的工作。

职场工作礼仪

文书礼仪

女生小 B 了解到职场与同事相处的礼仪之后，人际关系越来越融洽，一次偶然的机会，领导派小 B 写一封对外的招聘启事，这可让小 B 为难了，在职场有文书方面的礼仪与禁忌吗？我们一起来看看。

中国文化中很早就有"文书"一词，《史记·秦始皇本纪》中记载：秦始皇"禁文书而酷刑法，先诈力而后仁义"，《汉书·刑法志》载："文书盈于几阁，典者不能遍睹。"

礼仪文书的类别

邀请类——邀请函、请柬等。

迎送类——欢迎辞、欢送辞、答谢辞等。

喜庆类——贺信、祝词、题词、喜庆联语等。

公关类——求职信、推荐信、求助启事、鸣谢启事等。

文书礼仪的特点

1. 礼节性：文书礼仪注重"以礼相待"，强调因人、因事、因地、因时地待人接物。注重礼仪和礼节及对当事人的尊重与重视。

2. 规范性：一般都用相对固定的格式和用语，是一种比较强调规范化的文体。当然，礼仪文书的写作要求并非像机关正式公文一样有法定的规定，它是生活中约定俗成的惯用格式。

礼仪文书的写作要求

1. 语体自由多样

礼仪文书是一种最能表现和反应写作者才情和个性的文书。白话、文言相间都可，不需受公文语体的束缚。

2. 表达方式灵活

在语言表达方式上，不需像公文那样正规，可运用叙事、抒情、描写、议论等方式。但仍需注意在称呼、语言、祝颂词等方面的礼节。

3. 反应真情实感

情溢文中是礼仪文书的基本要求，"无情不是好文章"。一篇好的礼仪致辞或感谢信等，欢快时喜形于色，庄重时令人肃然起敬。动之以情才能使双方的交流更加真诚、恳切。

不同文书的书写礼仪

1. 感谢信

感谢信按内容可分为两类：

第一类是普发性感谢信，即对与本单位有过交往的众多单位表示谢意，内容要求具有概括性、普遍性，使之能适应所有感谢的对象。

第二类是专用感谢信，即专为某事向某单位或某人表示感谢，内容应具体生动一些，适应这次需要感谢的个体对象。

格式和内容要求

标题：在第一行中间用稍大字体写"感谢信"或"致 ××× 的感谢信"。

称谓：在顶格写被感谢的单位全称或被感谢者的姓名，再加冒号。

正文：简练地介绍自己曾遇到的困难及对方是如何协助解决这一事件的过程，并表示感谢。

敬语：文体用"此致敬礼"或"致以最诚挚的敬意"等结束语。

落款：在文末署名，标注日期。

感谢信案例

感 谢 信

×× 学校：

　我院教育系 09 届毕业生，在贵校毕业实习一个多月时间，得到了贵校领导和各年级老师的耐心指导与鼓励。虽实习时间不长，她们却取得了很大的进步，达到了预期的实习目的。为此，特向贵校表示衷心的感谢。

　此致

敬礼

××× 学院

××××年 ×× 月 ×× 日

感谢信礼仪说明

写感谢信时，真诚表达，重点叙述人、事、物的发生、发展过程，事实本身就有强大的说服力，多写事实，少讲空话。语气热情诚恳，文字朴实，在感谢和赞颂时，也应实事求是，恰如其分，以情感人，以事感人，而不应过于浮、夸、大，流于形式，反而达不到感谢的效果。

2. 商务启事

商务启事是企业单位面向公众说明事项或请求协助时所使用的一种文体，一般包括招聘启事、技术转让启事、招商启事、订货会启事等。

商务启事一般由标题、正文、落款三部分构成。

标题：

标题应简明扼要，一般以启事的名称为标题，如"招聘启事"或在标题中加入公司名称，如"××公司技术转让启事"；

标题要比较醒目，字号应稍大些或用特殊字体书写，但一般不应用美术字或较为鲜艳的字体书写标题，以显示商务启事的正式；

标题的位置应在正上方靠中间位置。

正文：

语言应简明扼要；

条理清晰，事项明确；

注意表达方式与用语。即使是招聘启事也不应使用"必须""应该"等词汇；

需要强调的注意事项应表达清楚。

3. 请柬

请柬的运用大多是在商务场合，是企业单位在邀请兄弟单位、上级单位或公司客户前来参加重要的庆祝、联谊、商务活动时，为表示正式、庄重而使用的一种知性礼仪文书。

请柬一般由标题、称谓、正文、结语、署名、日期六大部分组成。

请柬一般多用硬纸卡片，款式有单面和对折之分；书写方式有横式的，也有纵式的；有手写的，更多的用印刷的方式。

下面以单面的请柬为例：

商务启事案例

> ### ×××学院招聘启事
>
> 　　根据×××学院发展战略和规划，现需要招聘具有一定业务能力和工作经验的档案管理员。
>
> 　　招聘岗位：档案管理干事4名
>
> 　　招聘条件：
>
> 　　1. 全日制重点本科及以上学历，硕士优先；
>
> 　　2. 档案管理学专业毕业；
>
> 　　3. 工作经验3年以上。
>
> 　　招聘组织：
>
> 　　1. 报名时间：××××年××月××日——××××年××月××日
>
> 　　2. 联系方式：
>
> 　　联系人：×老师　×老师
>
> 　　联系电话：×××××××××××
>
> 　　邮箱：××××××××@××.com
>
> 　　　　　　　××××××××学院组织人事处
>
> 　　　　　　　　　××××年××月××日

> ### 请　柬
>
> 　　××女士：
>
> 　　为庆祝亚洲女性论坛在上海召开，谨定于××××年××月××日（星期×）下午××：××在××市××区××路××酒店举行晚宴。
>
> 　　敬请
>
> 光临
>
> 　　　　　　　　　　　　　　　上海市妇联宣传部××
>
> 　　　　　　　　　　　　　　　××××年××月××日

电话礼仪

在日常的商务工作中，打电话是一个与客户接触的主要方式，男生小 D 在工作上一直兢兢业业、踏实肯干，可是不擅言谈的性格让他在电话沟通方面遇到了难题，好几次都准备签合同的客户，不知为何就取消了合约，是我哪里做得不到位呢？下面让我们也和小 D 一起来看看有关电话的商务礼仪。

在工作中，你可曾遇到过下列情况：

1. 什么时间给客户打电话最好呢？

2. 当工作繁忙的时候，接到没有预约的长时间电话。

3. 有一位同事长时间占用办公室公共电话"煲电话粥"。

4. 通话时，突然电话断线，应该由谁再次打过去呢？

5. 电话沟通结束时，应该由谁先挂断电话？

在现代的职场上，电话已成为办公方式中不可或缺的一部分，当客户还没有见到你本人时，你的电话形象已经深入到对方的印象中。由此可知，电话礼仪是非常重要的职场礼仪之一。

通话时不能趴、靠、坐在桌子上，或斜靠在椅子上；更不能边吃东西边讲话，把听筒夹在头和肩之间来回踱步，不时用手摆弄电话线。这些都会给人以工作不专心、缺乏修养的感觉。

通话时，应保持平静的情绪，专心致志地与对方交流，不要手舞足蹈，大喊大叫，也不要嗲声嗲气。应该沉着应对，不亢不卑，热情友善。

商务电话礼仪与禁忌

1. 时间适宜

① 双方先约定好，选择对方空闲的时间。

② 要有意识地避开对方通话的高峰时段、业务繁忙时段、生理厌倦时段。

不宜的时间：

晚上 10 点后、早上 7 点前、中午午休、用餐、节假日等时间。

求职办事的电话不要在周一上午刚上班或周五下午快下班时打，另外每天上班的前 2 个小时是电话高峰期，注意尽量避开。

③ 与国外通话，一定要注意时差问题。

④ 公私要分明，在他人上班时间内，原则上不要为了私事而通话妨碍对方。

⑤ 通话的长度要控制。

电话礼仪的"三分钟原则"：

有话直说，长话短说。

废话少说，无话不说。

如果一次电话要占用 3 分钟以上的时间，就应该先说出你要办的事，征求一下对方意见："你现在和我谈话方便吗？"，并在结束时略表歉意。假如不方便，就应和对方另约一个时间。若使用公用电话更应该具有公共意识，长话短说。特别是身后有人排队时，一定要自觉主动地尽快终止通话。

2. 表现文明

① 语言文明

在通话时，发话人有 3 句话非讲不可，它们被称为"电话基本文明用语"。它们所指的是：

其一，在通话之初，要向受话人首先恭恭敬敬地道一声："您好！"然后方可再言其他，切勿一上来就"喂"对方，或是开口便讲自己的事情。

其二，在问候对方后，接下来须自报家门，以便对方明确来者何人。

其三，是在终止通话前，双方预感即将结束的片刻，发话人主动先说一声"再见"。要是少了这句礼貌用语，就会使终止通话显得有些突兀，显得有礼始而无礼终。

喂	找我没用
你、你们	不行就是不行
我告诉你啦	不行啦
你等一下!	规定就是这样
我反对	没办法
我不赞成	你还要怎样
这个意见	我不要再讲了
你说什么	你替我办一下
我听不懂	今天没办法
我没有办法	不对
这不是我的事	没有了

❌

先生、小姐	真抱歉——这样对我来说太为难了 我恐怕无法答应您
您、先生您、各位、大家	对不对
让我来说明一下,好吗?	这样做跟规定不符
请稍等一下	我恐怕得请示我的主管,不过……您是否能够……
对于这个意见	
我还是有点困扰	请问,还有什么事要交代吗?
个人的浅见	我们改天再研究,好吗?
对不起	麻烦您替我处理,谢谢
我还有点不了解	麻烦您改天再来
让我来想想办法 / 现在看来没有办法解决	是这样吗? 让我再查查看
对不起	对不起,我去找找看。您愿意稍等一下吗? 很抱歉
抱歉,这不是我的职权范围	

✅

② 态度文明

电话若需要总机接转,别忘记对总机的接线员问候一声,并且还要加上"谢谢"。另外,"请"、"麻烦"、"劳驾"之类的词,该用的也一定要用。若要找的人不在,需要接听电话之人代找,或代为转告、留言时,态度同样要文明有礼,甚至更加客气。

如果通话时电话忽然中断,依礼节需由发话人立即再拨,并说明通话中断是因为线路故障所致。万不可不了了之,或等受话人一方打来电话。

我们偶尔会出现打错电话的情况,这时需要向对方致歉,不可一听声音不对就挂断,或自言自语"咦,怎么打错了?"而不理对方的应答。

③ 行为文明

中止电话时应恭候对方先放下电话,不宜"越位"抢先。一般下级要等上级先挂电话,晚辈要等长辈先挂电话,被叫要等主叫先挂电话,不可只管自己讲完就挂断电话。另外,特别记住挂断前不可随意议论对方。

在公务场合接听私人电话时,在通话之余切勿忘记自己的身份,也不必把声音压得很低,否则会让人误会你这是在泄露"商业机密"呢! 自己也很尴尬,这时自己能够做到的是缩短通话时间。

还要注意不要使房间里的背景声音(如音乐、其他人谈话声等)干扰到电话交谈。

如何正确接听电话

目前许多国际上的大企业已将电话礼仪视为培训员工职业化的一项重要内容。世界500强企业之一——微软公司曾举行一次庆祝会，集体住宿于某酒店。深夜，因为某项活动日程临时变动，前台服务小姐只得一个个房间打电话通知。第二天她惊奇地对他人说："你知道吗？我给145个房间打电话，起码有50个房间的第一句话是"您好，微软公司！"从这件事中深刻体现出了微软文化的力量，也显示了微软人的职业水准。那么，在日常商务活动中，我们应如何正确接听电话呢？

1. 及时接听、应对谦和

电话铃一旦响起，应立即停止自己所做之事，尽快予以接听，注意拿起听筒前一定要中断任何交谈。一般情况下，铃响2~3声再接听为宜。若因特殊原因，致使铃响超过3声，应向对方致歉："对不起，让你久等了。"如果确实很忙，可表示歉意，说："对不起，请过10分钟再打过来，好吗？"不可接了电话就说"请稍等"，然后撂下电话半天不理对方。

接电话时，也应该先自报家门，如单位名称、自己的姓名，然后确认对方。例如，"您好！这里是某某公司营销部。"自报家门是一个与人方便、与己方便且节约时间、提高效率的好方式。如果对方没有马上进入正题，可以主动询问："请问您找哪位？"

2. 聚精会神、积极反馈

① 接听电话，要聚精会神，仔细聆听对方的讲话，并准确、及时作答，给对方积极的反馈。

② 如果没有听清楚或意思未听明白，应该谦虚询问清楚。接听时，应该适当有所表示，如"是"、"对"、"好"、"请讲"、"不客气"、"我明白了"等，或用语气词"唔"、"嗯"等，让对方感到你是在认真听。不要光听一声不吭，使人误认为不在听或漫不经心，答非所问，或者边听边同身边的人谈话，都是对对方的不尊重。

③ 接电话遇对方有重要事，要边听边记录下要点。

4. 打手机前要考虑对方是否方便

给对方打手机时，尤其当知道对方是身居要职的忙人时，首先应想到的是，这个时间他(她)方便接听吗? 并且要有对方不方便接听的准备。在给对方打手机时，注意从听筒里听到的回音来鉴别对方所处的环境。

有了初步的鉴别，对能否顺利通话就有了准备。但不论在什么情况下，是否通话还是由对方来定为好，所以，"现在通话方便吗?"通常是拨打手机的第一句问话。

5. 能打座机就不拨打手机

① 在没有事先约定和不熟悉对方的前提下，我们很难知道对方什么时候方便接听电话。所以，在有其他联络方式时，还是尽量不拨打对方手机好些。

② 手机话费相对较高，而且通讯属于个人私事和个人秘密，因此，联系不熟悉的人时可先拨打其办公室座机号。

③ 有急事需拨打手机时则应注意讲话言简意赅。如果需要长时间通话，应主动询问对方是否需要拨打其座机号。

6. 工作期间不要用搞笑彩铃

① 手机不分场合地响起铃声，以及在与人交谈中频频接打电话。

② 不恰当的铃声设置和彩铃也会令你失礼于人。公务员、公司管理人员等由于岗位性质的需要，应该以稳重的形象示人。

③ 在工作场合中，如果响起"爸爸，接电话"、"汪、汪"这样的手机铃声不仅会显得很不严肃，而且与自身身份不符。

④ 在工作期间，如果有人拨打手机联系公事时，却听到"我就不接电话呀，我就不接电话，别人的电话我都接，我就不接你电话"这样的搞笑彩铃也会令人反感。

7. 收发短信的注意事项

① 不要在别人能注视到你的时候查看短信。一边和别人说话，一边查看手机短信，是对别人不尊重的表现。

② 在短信的内容选择和编辑上，应该和通话文明一样重视。通过你发的短信，意味着你赞同至少不否认短信的内容，也反映了你的品位和水准。

③ 特别是一些带有讽刺伟人、名人甚至是革命烈士的短信，更不应该转发。

④ 收发短信注意一定要记得留自己的姓名。

⑤ 在开会时切勿收发短信，以示对会议的重视与尊重。

⑥ 特别重要的通知不应只发短信，还需电话重申其主要内容。

趣味测试：手机礼仪您了解多少？（多项选择）

一、使用手机的不正确做法是：（　　　）

A. 在会议或影院等场合，应关机或将铃声置于静音状态

B. 女士将手机挂在脖子上

C. 将手机放在公文包中

D. 握在手里或挂在腰带上

二、在会客或拜访客户时，使用手机要做到（　　　）

A. 不响

B. 不大声讲电话

C. 不听

D. 不出去接听

三、在下列哪些场合应关闭手机，禁止使用。（　　　）

A. 影剧院

B. 考场

C. 乘坐飞机

D. 驾驶机动车

E. 会场。

F. 图书馆。

正确答案：

一、B D

二、A B C D

三、B C D

发传真的礼仪

1. 注意传真首页的内容
① 写上传送、接收双方的单位名称、人员、姓名、日期、总页数。
② 每页都应有页码标注。

2. 注意传真信件的言辞
① 言辞应注意礼节礼貌。称呼、问候语、签字、敬语、致谢语齐全。
② 信尾签字很重要，显示当事人或领导知情。

3. 传真的纸张规范
① 一般使用 A4 白纸。
② 不能用彩色纸发传真，纸面效果发黑且浪费资源。

4. 公章的使用
传真上所盖的公章应强调清晰、颜色鲜艳。

5. 注意字号
比普通打印的字体稍大一些。

6. 传真确认
① 发传真前应事先联系、通报对方，确保对方有人负责接收文件且说明大致内容、纸张页数。
② 如页数较多应征询对方意见，看对方是否方便接收。
③ 最后传真完毕后，需电话再次回访，确认页数、内容。

使用传真机时的禁忌

1. 发送传真时要注意与对方交流的语言
错误：① "给我信号！我要发传真！"
② 对方还未听清所述内容，口述不清，就挂电话。

2. 对方传来传真时意外情况的处理
当对方需发来传真时，如不能清晰说出接收的部门、个人，我们也应耐心解答。

电子邮件的礼仪

电子邮件（electronic mail，简称 Email）又称电子信箱、电子邮政。它是一种用电子手段提供信息交换的通信方式，是互联网应用最广的服务，通过网络的电子邮件系统，用户可以用非常低廉的价格，以非常快速的方式，与世界上任何一个角落的网络用户联系，而且电子邮件可以使用文字、图像、声音等各种各样、生动灵活的交流方式。

商务往来中的电子邮件代表着公司的形象，显示着公司的水平和实力，直接影响到客户对公司的评估。所以，商务电子邮件在业务往来中占据着举足轻重的地位。据调查，约有88%的互联网用户使用电子邮件，而在商务领域中约有90%的员工通过电子邮件的形式来联系公务。随着全球经济一体化的发展，商务电子邮件越来越受到重视，我们将着重探讨商务电子邮件写作的格式和应遵循的相关礼仪。

1. 收件箱

用于进行接收邮件并对其进行归档管理。

2. 发件箱

对外发送邮件及历史发送邮件记录。

3. 通讯录

联系人的电子邮件地址、联系方式等，便于快捷地发送邮件。

4. 日历

一些电子邮箱软件提供万年历、备忘录等日常软件，可以大大提高沟通的效率及加强工作的计划性。

收件人、抄送和密抄：

写信人邮件地址（From）

收件人邮件地址（To）

抄送人邮件地址（CC）

密送人邮件地址（BCC）

收信人地址的填写方式有三种："收件人（To）"、"抄送（CC）"和"密送（BCC)"，也许你会认为这无关紧要。不幸的是，事实往往出人意料。

收信人是要受理这封邮件所涉及的主要问题的，理应对邮件予以回复响应。

而接收抄送的人则只是需要知道这回事，接收抄送的人没有义务对邮件予以响应，当然如果接收抄送的人有建议，当然可以回复。

而密送，这个可以用在非常规场合，不建议商务上使用。

只给需要信息的人发送邮件，不要占用他人的资源。

正常收件人和抄送中的各收件人的排列应遵循一定的规则。比如按部门排列、按职位等级从高到低或从低到高都可以。懂得适当的邮件规则有助于提升你的形象。

常见的电子邮件格式包括以下五部分：

第一，标题。

第二，称呼、开头、正文、结尾句。

第三，礼貌结束语。

第四，写信人全名、写信人职务及所属部门、地址、电话号码、传真等。

第五，附件。

标题

主题是接收者需了解邮件的第一信息，因此要提纲挈领，使用有意义的主题词，要引人注目、意思明确，这样可以让收件人迅速了解邮件内容并判断其重要性。

1. 一定不要空白标题，这是最失礼的。

2. 标题要简短，不宜冗长。

3. 标题要真正能反映文章的内容和重要性，切忌使用含义不清的标题，如"王先生收"。

4. 一封信尽可能只针对一个主题，不要在一封信内谈及多件事情，以便于日后整理。

5. 可适当使用大写字母或特殊字符（如"××××！"等）来突出标题，引起收件人注意，但应适度，特别是不要随便就用"紧急"之类的字眼。

6. 回复对方邮件时，可以根据回复内容需要更改标题，不要"RE"或者答复一大串内容。

称呼与问候

恰当地称呼收件者，拿捏尺度。

1. 邮件的开头要称呼收件人。这既显得礼貌，也明确提醒某收件人，此邮件是面向他的，要求其给出必要的回应；在多个收件人的情况下可以称呼大家。

2. 如果对方有职务，应按职务尊称对方，如"×经理"；如果不清楚职务，则应按通常的"×先生"、"×小姐"称呼，但要把性别先搞清楚。

3. 不熟悉的人不宜直接称呼英文名，对级别高于自己的人也不宜称呼英文名。称呼全名也是不礼貌的，更不应为显熟络，不分对象地使用"亲爱的"之类的字眼。

4. 电子邮件开头、结尾最好要有问候语：最简单的开头应写"你好"；结尾常见的写上"祝您顺利"、"顺颂商祺"之类的祝福语即可。

5. 俗话说得好，"礼多人不怪"，礼貌一些，总是好的，即便邮件中正文有些不妥之处，对方也能平静地看待。

1. 电子邮件正文应简明扼要地说清楚事情；如果具体内容确实很多，正文应只作摘要介绍，然后单独写个文件作为附件进行详细描述。

2. 正文行文应通顺，多用简单词汇和短句，准确清晰地表达，不要出现让人晦涩难懂的语句。最好不要让人家拉滚动条才能看完你的邮件。

3. 注意电子邮件的阐述语气，根据收件人与自己的熟络程度、等级关系；邮件是对内还是对外性质的不同，选择恰当的语气进行阐述，以免引起对方不悦。

4. 尊重对方，"请"、"谢谢"之类的语句要经常出现，轻易不要使用感叹号等表示强烈的语气和字眼。

5. 电子邮件可轻易地转给他人，因此对别人意见的评论必须谨慎而客观。

6. 电子邮件正文多用序号引出，以清晰明确。如果事情复杂，最好用阿拉伯数字列几个段落进行清晰明确的说明。保持你的每个段落简短不冗长，减少没分段的长篇大论。

7. 邮件应将信息交待完整，最好在一封邮件中把相关信息全部说清楚，说准确。不要过两分钟之后再发一封什么"补充"或者"更正"之类的邮件，这会让人很反感。

8. 尽可能避免拼写错误和错别字，注意使用拼写检查，这是对别人的尊重，也是自己态度的体现。如果是英文电子邮件，最好把拼写检查功能打开；如果是中文电子邮件，注意拼音输入法带给你的同音别字。在邮件发送之前，自己务必仔细阅读一遍，检查行文是否通顺，拼写是否有错误。

9. 合理提示重要信息。不要随意用大写字母、粗体斜体、颜色字体、加大字号等手段对一些信息进行提示。合理的提示是必要的，但过多的提示则会让人抓不住重点，影响阅读。

10. 合理利用图片、表格等形式来辅助阐述。对于很多带有技术介绍或讨论性质的邮件，单纯以文字形式很难描述清楚。如果配合图表加以阐述，收件人一定会赞扬你的体贴。

11. 不要轻意使用"：）"之类的笑脸字符，在商务信函里面这样会显得轻佻，只能用在某些你确实需要强调出一定的轻松气氛的场合。

12. 正文五原则：准确、简洁、完整、清楚、礼貌。

附件

1. 如果邮件中带有附件，应在正文里面提示收件人查看附件。

2. 附件文件应按有意义的名字命名，不可用晦涩难懂的文件名。

3. 正文中应对附件内容做简要说明，特别是带有多个附件时。

4. 附件数目不宜超过 4 个，数目较多时应打包压缩成 1 个文件。

5. 如果附件是特殊格式文件，应在正文中说明打开方式，以免影响使用。

6. 如果附件过大（不宜超过 2MB），应分割成几个小文件分别发送。

缩尾签名

1. 每封邮件在结尾都应签名，这样对方可以清楚地知道发件人信息。虽然你的朋友可能从发件人中认出你，但不要为你的朋友创造这样的工作。

2. 签名信息不宜过多。电子邮件消息末尾加上签名档是必要的。签名档可包括姓名、职务、公司、电话、传真、地址等信息，但信息不宜行数过多，一般不超过 4 行。你只需将一些必要信息放在上面，对方如果需要更详细的信息，自然会与你联系。

3. 引用一个短语作为你签名的一部分是可行的，比如你的座右铭，或公司的宣传口号。但是要分清收件人的对象与场合，切记一定要得体。

4. 不要只用一个签名档。对内、对私、对熟悉的客户等群体的邮件往来，签名档应该进行简化。过于正式的签名档会让对方觉得疏远。你可以设置多个签名档，灵活调用。

5. 签名档文字应选择与正文文字匹配，中文简体字、中文繁体字或英文字母等应避免出现乱码。字号一般应选择比正文字体小一些。

回复技巧

1. 及时回复电子邮件。收到他人的重要电子邮件后，即刻回复对方是必不可少的，这是对他人的尊重，理想的回复时间是 2 小时内，特别是对一些紧急重要的邮件。

2. 对每一份邮件都立即处理是很占用时间的，对于一些优先级低别的邮件可集中在某个特定时间处理，但一般不要超过 24 小时。

3. 如果事情复杂，你无法及时确切回复，那至少应该及时地回复说"收到了，我们正在处理，一旦有结果就会及时回复。"不要让对方苦苦等待，记住：及时作出响应，哪怕只是确认一下收到了。

4. 如果你正在出差或休假，应该设定自动回复功能，提示发件人，以免影响工作。

5. 进行针对性回复。当回件答复问题的时候，最好把相关的问题抄到回件中，然后附上答案。不要用简单的回复，那样太生硬了，应该进行必要的阐述，让对方一次性理解，避免再反复交流，浪费资源。

6. 回复不得少于 10 个字。对方给你发来一大段邮件，你却回复"是的"、"对"、"谢谢"、"已知道"等字眼，这是非常不礼貌的。你应该认真回复以表示你对其的尊重。

7. 不要就同一问题多次回复讨论。如果收发双方就同一问题的交流回复超过 3 次，这只能说明沟通不畅。此时应采用电话沟通等其他方式进行交流后再作判断。电子邮件有时并不一定是最好的交流方式。

8. 对于较为复杂的问题，多个收件人频繁回复，发表看法，这将导致邮件过于冗长不宜阅读。此时应及时对之前讨论的结果进行小结，删减瘦身，突出有用信息。

9. 要区分单独回复和全体回复，如果只需要单独一个人知道的事，单独回复给他一个人即可。如果你对发件人提出的要求作出结论响应，应该让大家都知道。

10. 如果你对发件人提出的问题不清楚，或有不同的意见，应该与发件人单独沟通，应该将讨论后的结果告诉大家。不要向上司频繁发送没有确定结果的邮件。

11. 点击"回复全部"前，要三思而行！

12. 主动控制邮件的来往。为避免无谓的回复，浪费资源，可在文中指定部分收件人给出回复，或在文末添上以下语句："全部办妥"、"无需行动"、"仅供参考，无需回复"等。

其他

转发邮件：

1. 在你转发消息之前，首先确保所有收件人需要此消息。除此之外，转发敏感或者机密信息需小心谨慎，不要把内部消息转发给外部人员或者未经授权的接收人。

2. 如果有需要，还应对转发邮件的内容进行修改和整理，以突出信息。不要将往来的所有邮件发给他人，给人造成不必要的麻烦。

发送电子邮件的注意事项

1. 对你写在电子邮件里的每一个字、每一句话都要慎重。因为现在法律规定电子邮件也可以作为法律证据。在发电子邮件时要特别注意，对本单位不利的信息，千万不要写上，如报价等。

2. 邮件的讯息不得冗长。讯息冗长容易被收件人忽视。

3. 不要在邮件末端列出对方的地址。

4. 发送附加文件要考虑对方能否阅读。第一个文件可以先用一般格式发送（对方可以阅读的格式），并问一下对方如果发送压缩格式（或其他格式）能不能阅读。如果对方回答可以，就可以发送压缩格式的文件了。

随着商务活动的不断扩展，电子邮件的重要性也日益明显。同时，电子商务的普及，往往会让人忽视电子邮件应有的规范和格式，难免会出现这样或那样的问题。然而准确规范的邮件，不仅能反应写信人的业务水平，还可以体现写信人为人处事的态度和风格，有助于建立良好的商务关系。因此，熟悉电子邮件应有的规范、格式和礼仪，是职场修炼的一节必修课。

一次偶然机会，小 D 参加了一次专业职场礼仪课程的学习，在学习中，小 D 找到了打开高端人脉圈的金钥匙。以前踏实肯干的男生小 D，对工作一向勤勤恳恳、憨厚踏实，但因为不太重视社会交往的礼仪，一直在工作中屡遭挫折，还不知缘由。通过职场礼仪的专业学习，开始了解到高端人群的社会交往规则，逐渐在工作业绩上超过了机灵的小 B，一向好强的小 B 可不甘示弱，同时进入公司的我们，为何业绩差距越来越大呢？不擅言谈的小 D 到底是怎样成为市场高手的呢？让我们一起来一探究竟。

○　○　○

职场社交礼仪

自信的目光

自信是一个人待人接物最基本的素质，而眼睛是心灵之窗，一个人是否自信，从眼神、目光就可体现出来。

在职业场合，与人交流、谈话、握手时，都应双目正视对方，以示尊敬，在与人长时间谈话时，你的目光可在眼睛、鼻子、耳朵等五官处自然移动，并配合频频点头及应答，而不能将目光看往别处，或只顾自己低下头。目光的关注也是一种礼节。目光在何处停留，是商务职场礼仪所要重点学习的话题，在何种场合下，看往何处是不失礼的呢？我们将目光的注视部分分为三个方向。

1. 谈判注视区

目光停留区域：面部发际线→双眼平衡线，形成的正三角区域。

礼仪含义：双目注视"谈判注视区"给人高高在上，有力量、有威严的心理感觉，适合用于表达个人见解，适合在类似谈判的环节中使用，给对方以威慑力，意味着"你必须听我的！"

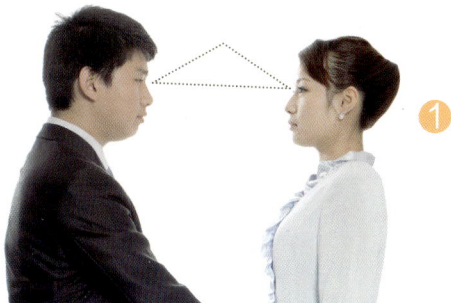

2. 沟通注视区

目光停留区域：双眼平衡线→下颌部位形成的倒三角区域。

礼仪含义：双目注视"沟通注视区"会给人平易近人、随和的印象，比较容易拉近人与人之间的心理距离。适合在商务交友过程中使用，或在与重要客户谈话、沟通时使用，易于结交新的人脉。

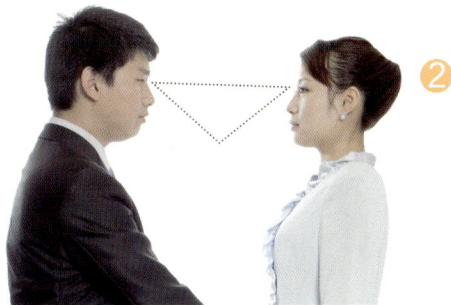

3. 亲密注视区

目光停留区域：下颌部位→前胸部形成倒三角区域。

礼仪含义："亲密注视区"不适合在商务社交场合运用，只适用于非常亲密的情侣或朋友，在普通社交场合，双目长时间停留在"亲密注视区"易产生误会与不愉快，商务职场禁用。

　　职场精英们如果希望第一次见面就给对方留下自信、精干的好印象，那么，一定要练习出自信的目光。想要拥有炯炯有神的眼睛，除了拥有良好的个人素质和修养之外，还需要有良好的心理素质与丰富的人生阅历，才可能有更完整的眼神表达。所以，自信目光的练习，不是一日之功，更应该加强个人内在思想与涵养的提升。在工作之余，可以准备一面小镜子，将自己设定于某种意境中，练习自信的、果敢的、坚毅的目光，然后对自己的眼神做出评价。还可以多看看比较空敞的地方，用眼神在空中写字母，比如写个 K，再继续写个 Y，然后跟着眼神写出的字母位置不断变化，这样可以让眼神变得更加神彩飞扬。

　　另外，平时多注意保护眼睛，多补充含有维生素 A 的食物。如此循序渐进，经过一段时间的坚持练习，相信你一定拥有坚定、自信的职场目光！

发自内心的微笑

1. **职业微笑的标准**：自然、发自内心的微笑，展露出 6~8 颗牙齿。

微笑是事业顺利的基础！

微笑是人际关系的润滑剂！

微笑是建立高端人脉的名片！

微笑是走遍世界的通用护照！

2. **3 米 8 齿原则**：离贵宾 3 米时候就应主动迎上前，准备欢迎、握手，同时显露出 8 颗牙齿的微笑。俗话说：面带三分笑，礼数已先到。

在职场中，微笑是建立良好友谊的开始，真诚的微笑会让你更快成为最自信、最有亲和力的职场精英。

得体地交换、使用名片

名片的作用

1. 介绍自己。
2. 结交他人。
3. 商务往来。
4. 了解宾客。
5. 报通变更。
6. 礼节性的通讯工具。
7. 代替信函之用。

名片不仅要有，而且要随身携带。

注意名片不得随意涂改，在国际交往中，强调名片如脸面，脸面是不能随意更改的。

名片的准备

1. 名片不要和钱包、笔记本等放在一起，原则上应该使用名片夹。

2. 名片可放在上衣口袋里（绝对不可放在裤兜里）。

3. 要保持名片或名片夹的清洁、平整。

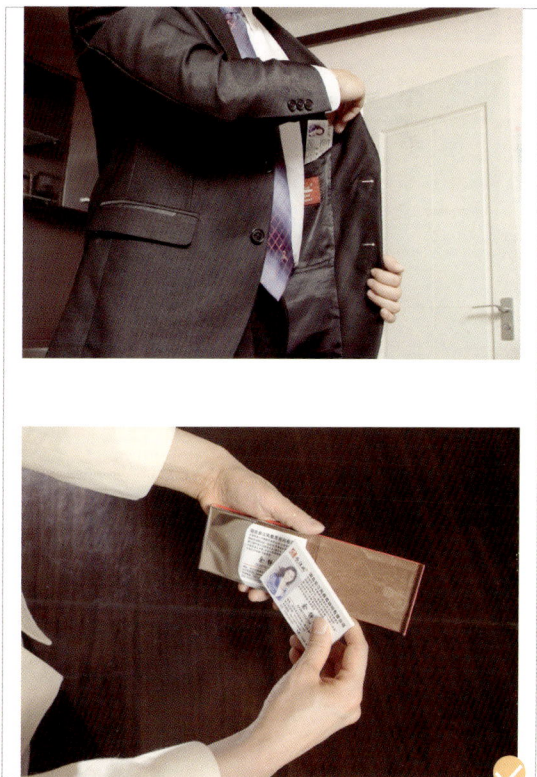

名片交换的时间、方式、途径

1. 勿把自己的名片强递给每一个见面的高级主管，除非他主动向你索取。

2. 勿太早递出你的名片，尤其是面对完全陌生的人和偶然认识的人。

3. 勿在一大堆陌生人中散发你的名片，应在商业性社交场合交换名片。

4. 参加同业会议时，交换名片通常是在会议开始时进行，有时在结束时进行。

5. 勿把有缺点、过时脏损的名片递给对方。

6. 用餐期间一般不要交换名片。

7. 在参加社交晚宴时，不论女士或男士都应该带有名片。

8. 要知道何时和如何使你的名片个性化。

9. 在会议室如遇到多数人相互交换名片时，可按对方座次排列名片。

10. 会谈中，应称呼对方的职务、职称，如"××经理"、"×教授"等。无职务、职称时，称"×先生"、"×小姐"等，而尽量不使用"你"字，或直呼其名。

注意事项

1. 经常检查皮夹或名片夹，看名片是否充足。

2. 不可递出污旧或皱折的名片 。

3. 名片夹或皮夹置于西装内袋，避免由裤子后方的口袋掏出 。

4. 不要无意识地玩弄对方的名片。

如何得体索取名片？

一般索要名片要注意：

1. 尽量不要去索取名片，因为名片交换有一个讲究，地位低的人首先把名片递给地位高的人，所以，你要去索取名片的话，是不是马上就出现地位方面的落差了？

2. 要注意索要名片也最好不要采取直白的表达。要比较恰到好处地交换和索取名片。

索要名片的妙招：

第一种，我们称为交易法，这是最常用的方法。交换的方法，交易法，"将欲取之，必先予之"。

第二种，激将法。

"尊敬的王总，很高兴认识你，不知道能不能有幸跟您交换一下名片？"

"不知道能不能有幸跟您交换一下名片"这样的表达他不想给你一般也会出于礼貌而给你。

第三种，联络法。

"李小姐，认识您非常高兴，以后到上海来希望还能够见到您，不知道以后怎么跟您联络比较方便？"

这就是暗示她，怎么才能找到她？这种情况对方一般都会给。

握手的商务礼仪

握手的主动权

握手的主动权通常掌握在下列四种人手中：主人、年长者、身份高者、女士。

男女之间，女士先；

长幼之间，长者先；

上下级之间，上级先，下级屈前相握；

迎接客人，主人先；
送走客人，客人先。

握手的注意事项：

1. 脱手套。

2. 双目对视。

3. 握手时的姿态、力度。

4. 社交握手时切不可双手向下压，这表示节哀。

5. 女士、社会地位高的人应有掌控权。

6. 男士握女士手指部分 2~3 秒。

若为一般关系，握手时间应一握即放。

① 女士握位：手指位。

② 男士握位：整个手掌。

7. 不可滥用双手、左手握手。

8. 不可交叉握手。

做好介绍他人及自我介绍

1. 了解介绍的形式

① 按照介绍场合的正式与否，可以将介绍分为正式介绍和非正式介绍。

② 根据被介绍人的数量，可以分为集体作介绍和为个人作介绍。

③ 根据被介绍者的身份、地位、层次，可以将介绍分为重点介绍和一般介绍。

④ 根据在介绍中的不同处境和身份，可以将介绍分为自我介绍、为他人作介绍、他人为我介绍（被介绍）。

2. 遵循介绍顺序

① 在社交场合中

介绍的普遍原则是：受到尊重的一方，有了解对方的优先权。

按照这一原则，介绍的顺序应该是：先向地位高者介绍地位低者；先向年长者介绍年轻者；先向女士介绍男士；先向主人介绍客人；先向已婚女士介绍未婚女士；先向先到者介绍后到者；先向众人介绍个人；将家人介绍给别人。

② 在工作场合中

以职位高者优先，也就是应该将职位低者介绍给职位高者。

在工作场合中，长者与女士一般不具有优先权，只有当两人职位相当的时候，才遵从长者或女士优先的原则。

3. 掌握介绍的方法

① 自我介绍

介绍自己——推荐自己

注意：介绍自己前应先问候对方。

自我介绍时，首先是大大方方地向对方道一声问候："您好"，以引起对方的注意，赢得对方的回应，然后根据不同情况报出自己的姓名、单位、身份以及欲结识对方的意愿。

要点：明朗、爽快、速度稍慢、流畅而不可炫耀；注意自我介绍的特定场合。

② 为他人作介绍

介绍他人——为他人架起沟通的桥梁。

原则：先提到名字者为尊重。

仪态：标准站姿，手掌五指并拢，掌心朝上，指向被介绍人。

要点：把握时机、仪态文雅、先后有序、分寸得当。

③ 被介绍者的礼仪

必要的致意和寒暄，而且被介绍时应立即起立。

接待服务礼仪

乘车礼仪

汽车如今已成为现代社会最主要的交通工具，与领导、同事、客户一同乘车更是难免，因此，乘车礼仪就显得十分重要了。

女士上下车姿势（如图 1~9）

上车时仪态要优雅，姿势应该为"背入式"，即将身体背向车厢入座，坐定后即将双脚同时缩进车内（如穿长裙，应在关上车门前将裙子整理好）。

下车时应将身体尽量移近车门，立定，然后将身体重心移至另一只脚，再将整个身体移离车外，最后踏出另一只脚（如穿短裙则应将两只脚同时踏出车外，再将身体移出，双脚不可一先一后）。

乘车的座次礼仪

出租车：

贵宾后排 1 号位，接待人员前排 2 号位。（注：下图 # 号是司机）

# 　 2	# 　 3	# 　 　 4
1	2 　 1	2 　 3 　 1

普通轿车：

1. 驾驶位是司机：

由专职司机驾驶轿车时，通常仍讲究右尊左卑，但座次同时变化为后排为上，前排为下。（注：下图 # 号是司机）

2. 驾驶位是车主或朋友：

由主人亲自驾驶轿车时，在双排五人座轿车上。一般前排座为上，后排座为下；以右为尊，以左为卑。（注：下图 # 号是司机）

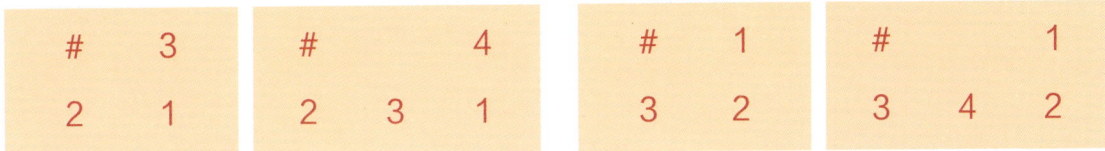

# 　 3	# 　 　 4	# 　 1	# 　 　 1
2 　 1	2 　 3 　 1	3 　 2	3 　 4 　 2

多排座轿车：

　　指的是四排以及四排以上座次的大中型轿车。其不论由何人驾驶，均以前排为上，以后排为下；以右为尊，以左为卑；并以距离前门的远近，来排定其具体座次的尊卑。（注：下图＃号是司机）

＃		
3	2	1
6	5	4
9	8	7

吉普车：

　　简称吉普，它是一种轻型越野轿车，大都是四座车。不管由谁驾驶，吉普车上座次由尊而卑均依次是副驾驶座、后排右座、后排左座。（注：下图＃号是司机）

＃	1
3	2

跟上司一起的乘车礼仪

1. 送上司、客人坐轿车外出办事，应首先为上司、女性或客人打开右侧后门，并以手挡住车门上框，同时提醒上司或客人小心，待其坐好后再关门。

2. 如果你和你的上司同坐一辆车，座位由上司决定，待其坐定后，你再任意选个空座坐下，但注意不要去坐右排右席。

3. 注意在车上尽量不要睡觉。乘车的人都睡觉时，司机也容易犯困。

4. 谈话要适当。与领导同车，自然要作适当的交谈，但一定要适度。

5. 领导之间若是在谈工作，除非问到你，或希望你介入，否则尽量不要插话。

6. 若领导之间谈论的话题涉及对某人的评价等保密的内容时，你不但不要插话，甚至不要听，此时最好的办法是找个话题与司机聊聊天，或播放一段轻音乐（音量不要过大）。

7. 车内避免吸烟。

上车礼仪

下车礼仪

上下车顺序：

上下轿车的先后顺序通常为：尊长、来宾先上后下，秘书或其他陪同人员后上先下。即请尊长、来宾从右侧车门先上，秘书再从车后绕到左侧车门上车。下车时，秘书人员应先下，并协助尊长、来宾开启车门。

走楼梯的礼仪

引导方法：

引领时，身体稍侧向客人，注意上下楼梯、遇障碍物时的指引手势。

手势：

五指并拢，手心向上与胸齐，以肘为轴向外转。

行走的次序：

1. 上楼梯时请贵宾在前行走，接待人员紧随身后。

2. 下楼梯时接待人员在前引领，贵宾在后。

乘电梯礼仪

乘公共电梯礼仪

1. 先上电梯的人应靠后面站，以免妨碍他人乘电梯。

2. 愈靠内侧，是愈尊贵的位置。

3. 所有人进入电梯后，应迅速转身面向电梯门站立。

4. 靠近电梯者先离电梯。

5. 操作按键是晚辈或下属的工作，所以，辈份最低的人应站在此处。

电梯无人时：

    1. 在客人之前进入电梯，按住"开"的按钮，请客人进入电梯。

    2. 到达目标楼层时，按住"开"的按钮，请客人先下。

电梯有人时：

    无论上下都应客人、上司优先。

十大乘电梯陋习：

1. 面朝门里的方向站立，面对着电梯里的其他人。

2. 不依序进出电梯，插队，甚至冲撞他人。

3. 不等待即将快步到达者而关闭电梯门。

4. 不帮助不便按按钮者。

5. 对着电梯里的镜子旁若无人地理头发或者涂口红。

6. 大声喧哗，打情骂俏，大声打电话。

7. 离电梯远的人伸手越过数人去按按钮。

8. 吸烟和过度使用香水。

9. 带宠物进电梯。

10. 电梯陋习中的恶习就是：性骚扰。

西餐正确入座方法：

1. 从椅子左侧入座。

2. 双手平抚裙摆。

3. 重心坐西餐椅 2/3 处，坐姿优雅得体。

如何使用西餐餐巾：

用餐之前，应将餐巾布打开铺在大腿上。西餐中，如果是午餐巾布，是全部打开铺在大腿上；如果是晚餐巾布，则应该对折成三角形或者长方形，开口朝外放在大腿上。

1. 西餐巾使用禁忌

① 口水兜式 。

② 围兜式。

口水兜式 ✖

围兜式 ✖

2. 西餐巾的用途

餐巾是用来挡住可能滴落下来的食物或汤汁，也可以用来遮挡喷嚏或轻擦嘴上或手上的油污。使用时动作要优雅，避免埋着脸擦拭，更不能用来擦整个手臂，或擦汗、擦桌子及餐具等。

3. 西餐巾的正确表示方式

已经启用的餐巾让它一直放在大腿上。中途不得已暂时离席，应将餐巾稍微叠好放在椅背上，表示你还回来继续用餐。如果你将餐巾布放在桌子上，服务员可能以为你用完餐而将餐具收走。

用餐完毕时　　　　中途离开时

刀和叉的正确使用方法：

1. 左手持叉，右手持刀。

2. 取用刀叉，由外自内取用。

3. 餐间休息时，刀叉交叉置于餐盘内。

4. 用餐结束时，刀叉平行置于餐盘内。

5. 交谈时请勿手舞刀叉。

当你在进餐过程中与他人攀谈时，自然会将刀叉暂时放下。这时应该将刀叉刀口向内、叉齿向下，呈"八"字形摆放在餐盘上。其含义是这道菜我还没吃完。注意千万不要将刀叉摆成"十"字形，因为西方人认为这是让人觉得晦气的图案。

刀、叉、匙摆放所暗示的语言内涵：

1. 中途离开时，刀叉的正确摆放方式。

2. 如果不想吃这道菜，或进餐完毕时，可将刀口向内、叉齿向上并排放在盘子上。这样做等于告诉侍者请他连刀叉带餐盘一起撤下。

用餐的注意事项：

1.切割食物时双肘下沉，手肘不要离开桌子，这样会令对方觉得你的吃相不雅，而且正在切割的食物有可能会飞出去。

2.切割食物时不可以弄出声响。注意刀子只是用来切割食物的，千万不要用刀子叉着食物吃。

3.牛排左叉右刀，沿左下角切，大小入口为宜。

4.面包不宜直接入口，应掰一块吃一块。

5.吃色拉时只能用叉子。

6.喝汤可以将盘子倾斜，然后用汤匙舀着喝。

7.喝汤右手拿勺，从里往外舀，优雅"吃"汤。

8.喝汤时不要发出响声。

9.喝咖啡时切忌用咖啡勺喝咖啡，而应用单手托碟，另一只手端起咖啡杯品尝。

在西餐厅如何正确召唤侍者

当需要帮助时，只需向侍者点头示意或礼节性地微微招手即可，不可大声喧哗、频频大动作招手。

中餐礼仪

中餐宴会服饰要求

在现代生活中，正式的中餐宴会，需穿着有领有袖的正式服装，女士可穿套装或中国传统旗袍，搭配正式船形皮鞋。男士可穿西服、中山装或中国古典唐装，搭配男士商务皮鞋。切忌穿吊带背心、露背装、休闲鞋、拖鞋等。

中餐入座的礼仪

1. 从椅子左侧入座。

2. 入座前双手平抚裙摆。

3. 重心落于坐餐椅 2/3 处，双腿合拢，坐姿优雅得体。

中餐入座的礼仪

中餐宴会的桌次排列：

原则：以远为上，以右为尊，以门定位。

两张桌子时——面对门右边的桌子为主桌。

三张桌子时——离门最远的桌子为主桌。

中餐宴会的座次安排：

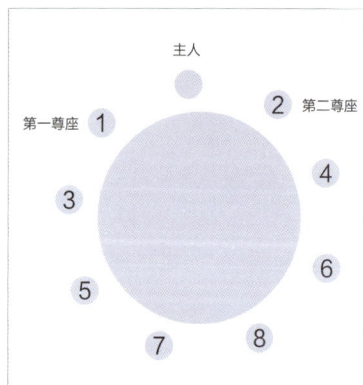

主人
第二尊座 2
第一尊座 1
4
3
6
5
7 8

常规个人宴请

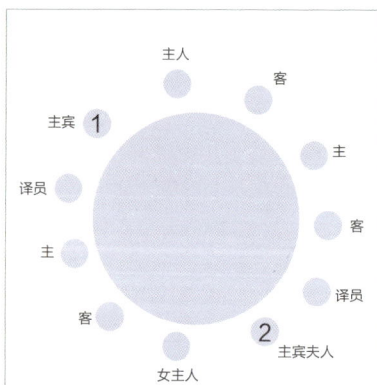

主人
客
主宾 1
主
译员
客
主
译员
客
2
女主人
主宾夫人

正式国宾宴请

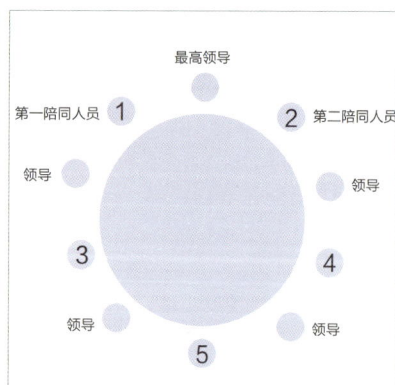

最高领导
第一陪同人员 1
2 第二陪同人员
领导
领导
3
4
领导
领导
5

接待领导的宴请

等待进餐礼仪

  1. 双手可以自然放于桌上或垂放在大腿上。

  2. 切忌双肘支手，下颌放在手背上。

  3. 将餐巾或餐布打开，放在餐碟下，其余部分自然垂下。

中餐用筷五忌

1. 叉筷，用筷子叉取食物。

2. 架筷，高抬手越过别人正在夹菜的筷子去夹远处的菜。

3. 舔筷，用嘴去舔筷子。

4. 泪筷，筷子上粘了汤汁还去夹菜。

5. 翻筷，在盘中翻拣食物。

泪筷 ❌

叉筷 ❌

翻筷 ❌

架筷 ❌

舔筷 ❌

中餐进餐礼仪

1. 餐盘（骨碟）的使用：可将食物残渣放于骨碟内，而不应放在餐巾纸上。

2. 酒具的使用（饮料、红酒、白酒）：切忌不可混用酒具。

3. 为贵宾夹菜礼仪：对于不太熟悉的宾客如不知道其宗教信仰、口味等都不应为他夹菜，可为宾客介绍本地特色菜肴，供宾客自己选择，若宾客确实有意想品尝时，再用公筷，以表示尊重。

4. 选择适宜的餐桌话题：在餐桌上可选择健康、积极的话题，如当"北京烤鸭"端上桌时，大谈禽流感的流行，必会大煞风景。

5. 转台取菜礼节：每上一道新的菜肴，应请贵宾先品尝。

① 餐桌如果正在转动时不要取菜。

② 有人正在夹菜时，不要转动餐桌。

中餐进餐禁忌

1. 手肘不能上台面。

2. 收握筷时，筷尖不可指向对方。

3. 咀嚼食物时绝不开口交谈。

4. 需要剔牙时，应用手或餐巾捂住嘴巴。

5. 女士餐后不可当众补妆。

6. 不要在餐桌前擦鼻涕或打嗝。

7. 在客人面前不可打饱嗝或放屁。

8. 不要解开纽扣或当众脱衣。

9. 用餐完毕，不能在客人面前计算请客所花费的费用。

敬酒与劝酒礼节

谈起喝酒，相信很多人都有过切身体会，"酒文化"也是一个既古老而又新鲜的话题。在《三国志·吴志·韦曜传》中载"吴主孙皓宴客，韦曜不善饮酒，孙皓甚密赐茶水以当酒。"

现代人在交际过程中，已经越来越多地发现了酒的作用。酒作为一种交际媒介，迎宾送客，聚朋会友，彼此沟通，传递友情，发挥了独到的作用，所以，探索一下酒桌上的奥妙，有助于你交际的成功。

1. 斟酒

敬酒之前需要斟酒。按照规范来说，除主人和服务人员外，其他宾客一般不要自行给别人斟酒。如果主人亲自斟酒，应该用本次宴会上最好的酒斟，宾客要端起酒杯致谢，必要的时候应该起身站立。

如果是作为大型的商务用餐来说，都应该是服务人员来斟酒。斟酒一般要从位高者开始，然后顺时针斟。如果不需要酒了，可以把手挡在酒杯上，说声"不用了，谢谢"即可。这时候，斟酒者就没有必要非得一再要求斟酒。

中餐里，别人斟酒的时候，也可以回敬以"叩指礼"。特别是自己的身份比主人高的时候。即以右手拇指、食指、中指捏在一起，指尖向下，轻叩几下桌面表示对斟酒的感谢。

白酒和啤酒可以斟满，而其他洋酒就不用斟满。

2. 敬酒的时间

敬酒应该在特定的时间进行，并以不影响来宾用餐为首要考虑。敬酒分为正式敬酒和普通敬酒。正式的敬酒，一般是在宾主入席后、用餐前就可以敬，一般都是主人来敬，同时还要说规范的敬酒词。

普通敬酒，只要是在正式敬酒之后就可以开始了。但要注意是在对方方便的时候，比如他当时没有和其他人敬酒，嘴里不在咀嚼食物，认为对方可能愿意接受你的敬酒。而且，如果向同一个人敬酒，应该等身份比自己高的人敬过之后再敬。

3. 敬酒的顺序

敬酒按什么顺序呢？一般情况下应按年龄大小、职位高低、宾主身份为序，敬酒前一定要充分考虑好敬酒的顺序，分明主次，避免出现尴尬的情况。

即使分不清或职位、身份高低不明确，也要按统一的顺序敬酒，比如先从自己身边按顺时针方向开始敬酒，或是从左到右、从右到左进行敬酒等。

工作餐与自助餐礼仪

自助餐进食原则：

1. 重在交际，吃在其次。
2. 依序取菜。
3. 不可混用夹勺。
4. 不可翻拣食物。

自助餐禁忌：

1. 忌取食时交谈。
2. 忌盘里盛放超过三种食物。
3. 忌餐盘反复使用。

自助餐礼仪八准则：

第一，排队取菜。

第二，循序取菜。

第三，量力而行。

第四，多次取菜。

第五，避免外带。

第六，送回餐具。

第七，照顾他人。

第八，积极交际。

商务谈吐礼仪

初次见面应说——幸会　　他人指点应说——赐教　　**职场言谈礼仪的禁忌**

看望别人应说——拜访　　请人解答应说——请问　　不得非议国家和政府；

等候别人应说——恭候　　赞人见解应说——高见　　不涉及到行业秘密；

请人勿送应说——留步　　归还原物应说——奉还　　不能对交往对象的内部事宜随意加以干涉；

对方来信应说——惠书　　求人原谅应说——包涵　　不能在背后议论同行、领导和同事；

麻烦别人应说——打扰　　老人年龄应说——高寿　　不涉及低俗的问题；

请人帮忙应说——烦请　　好久不见应说——久违　　不涉及私人问题。

求给方便应说——借光　　客人来到应说——光临

托人办事应说——拜托　　中途先走应说——失陪

请人指教应说——请教　　与人分别应说——告辞

第 4 章

好上司应知晓的职场礼仪

作为一家企业的负责人，运筹帷幄，掌控全局，不仅需要在市场上具备独特的领导力与影响力，在商务运作过程中，也需了解一些必备的礼仪常识，学习商务谈判的礼仪、开业典礼礼仪、新闻发布会的礼仪、馈赠的礼仪以及如何与下属相处的礼仪等，要想成为一个好口碑的上司、领导，还需进修一些应知应晓的职场必修课程。

随着工作时间的推移，踏实肯干、业绩稳定的小 D 终于在公司展露锋芒，受到领导们的重视，公司准备提拔小 D 成为市场部负责人，即将成为同事们的上司。升职之前的小 D 苦苦思索，作为领导应该注意哪些职场礼仪？如何成为一个好口碑的上司呢？

○   ○   ○

商务谈判礼仪

礼仪是商务谈判的重要组成部分，是每个参与者必须遵守的规则，作为职场领导，不可避免地经常需要接触到各种商务谈判活动，一次成功的商务谈判，可能会让整个企业更上一层楼。在国际商务运作中，有许多商务谈判成功与失败的经典故事。

中国的一家企业与德国公司洽谈割草机出口事宜。按礼节，中方提前五分钟到达公司会议室。客人到后，中方人员全体起立，鼓掌欢迎。不料，德方脸上不但没有出现期待的笑容，反而显示出一丝不快的表情。更令人不解的是，按计划安排了一上午的谈判日程，半个小时便草草结束，德方匆匆离去，大家百思不得其解。事后了解到：德方之所以提前离开，是因为中方谈判人员的穿着。德方谈判人员中男士西装革履，女士则全部是职业装，而中方人员呢？除经理和翻译穿西装外，其他人有穿夹克衫的，有穿牛仔服的，有一位工程师甚至穿着工作服。在德国人眼里，商务谈判是一件极其正式和重大的活动，德国是个非常重礼仪的国家，中国企业代表随意的穿着，会让对方认为不够重视与尊重，德方提前离去就不足为奇了。因为商务礼仪的不得体，甚至是失礼，从而产生误会，有时甚至成为商务谈判失败的导火索！

目前，日常商务上的竞争日新月异，一次高质量的商务谈判，无疑会让我们在职场更胜一筹！正规的商务谈判我们需要注意哪些方面的礼仪呢？

商务谈判前准备

1.事前了解对方

在进行商务谈判前，着重了解对方的详细信息，包括目前对方企业的发展状况、项目运作的实施程度、后期的运营方向、谈判代表的性格爱好等。所谓知己知彼，百战不殆。

2.确定我方出席的谈判代表

商务谈判之前首先要确定我方谈判代表，要求应思维敏捷、善于沟通、能够准确分析的有经验的人员。还应确定与对方谈判代表的职务、身份相符。

3.制定周密的谈判计划与预期达成的目标

谈判前应制定好周密的计划、目标及谈判策略，事先对谈判内容、主题、议程做好充分的准备，以及最后要在这次谈判中需达成的目标、收益都应确定清楚。

4.确定会场地点，提前布置

确定在什么场所谈判，提前做好会场的布置，尽量采用长方形或椭圆形的谈判桌，门右手座位或对面座位为尊,应让给客方。

5.注重谈判代表的仪容仪表

谈判代表不仅代表个人，在谈判过程中更是企业的代表，仪容仪表应整洁正式、庄重。男士应穿西服、白衬衣、斜条纹领带，还需修整发型、胡须。女士应着职业套装，不宜穿太性感、休闲的服饰，应化淡妆，不宜穿细高跟鞋。

谈判之初的礼仪

1. 问好

在正式谈判之前，尽可能双方有一个良好的第一印象，营造轻松、友好的谈判气氛是双方都需努力的。

双方见面，有礼有节，多说恭敬语，主动问好。

2. 自我介绍

双方简单自我介绍，互相了解单位、部门、职务、姓名等。简明扼要，吐字清晰。

3. 握手

握手时应遵循礼仪与顺序"尊者居前"，尊者先出手。主人和客人握手，客人到来之前，主人先出手；客人走的时候，客人先出手。注意握手的礼仪与禁忌：用右手更显尊敬，不能戴墨镜，在室内不戴帽子，不戴手套。与女性握手应握四指部位，不能用双手握。

4. 递名片

给对方递名片时要双手接递，正面朝上，名字对着客人，微笑正视对方，目光可停留在对方双眼至前额的三角区域正方即为"谈判注视区"。

在谈判之初需多了解对方情况，因此要认真聆听对方谈话，细心观察对方举止表情，并适当给予回应，这样既可表现出尊重与重视，又能了解对方的意图。

国际商务谈判中的礼仪

1. 报价

在报价时，应实事求是，准确无误，诚信相待，遵守信用，不欺瞒对方。在谈判中报价一经确定则不得随意变换，若对方确定接受价格，即不再更改。

2. 查询

在谈判之前，事先准备相关问题，态度不卑不亢，选择气氛和谐时提出，做到开诚布公。切忌在气氛比较紧张时查询，言辞得体，不可过激或过多追问，以免引起对方反感甚至恼怒，对方回答时不宜随意打断，答完时要向解答者表示谢意，有关于原则性问题应当据理力争。

3. 还价

在讨论价格时，应保持风度、心态平和，注意用词礼貌、有序，讨价还价事关双方利益，切莫因情急而失礼。

4. 解决矛盾

出现问题时，应该以诚相待，就事论事，态度冷静、耐心，不可因发生矛盾就言语冲突，甚至攻击或侮辱对方，这都不利于妥善地解决问题，反而有失风度。

5. 处理冷场

主方应热情主动、暂时转移话题，灵活处理，稍作松弛。如果确实已无话可说，则应当机立断，暂时中止谈判，稍作休息后再重新进行。再次继续谈判时，主方要主动提出话题，不要让冷场时间持续过长。

商务谈判座次礼仪的必要性

商务谈判要想取得成功，除了双方互相了解，创造必备的谈判环境，合理地安排谈判的座次也是非常重要的。

圆桌谈判不分首次席位，则表达一种双方愿意合作的愿望，也便于彼此沟通。把客方放在主位，也可以表现出对谈判方的尊重。

长桌谈判彼此面对面而坐，有利于谈判双方和一方内部的信息传递与交流，同时也可以使同伴之间相互接近，在心理上产生安全感和实力感，不仅有利于团结力量，还可以提升己方的士气与信心。

实力相当的谈判双方，若座位安排有不当等或出现刻意打压的情形，会让弱势一方心生不平，平添谈判变故，甚至容易非理性产生某些敏感议题。

商务谈判桌座次礼仪

不同的入座排序，表达不同的意义。正式谈判的时候，有关各方在谈判现场具体入座的位次要求是非常严格的。从总体上讲，正式谈判排列方式分为双边谈判和多边谈判。

1. 双边谈判

双边谈判多采用长方形或者椭圆形的谈判桌；多边谈判多采用圆桌谈判。无论是长桌还是圆桌，都应该注意座位的朝向。一般来说，面对门口的座位最具有影响力。

谈判中，最好的入座方法就是提前按双方职位的高低摆上姓名牌，谈判双方便可以对号入座。

谈判桌座次的排列可以分为以下两种：

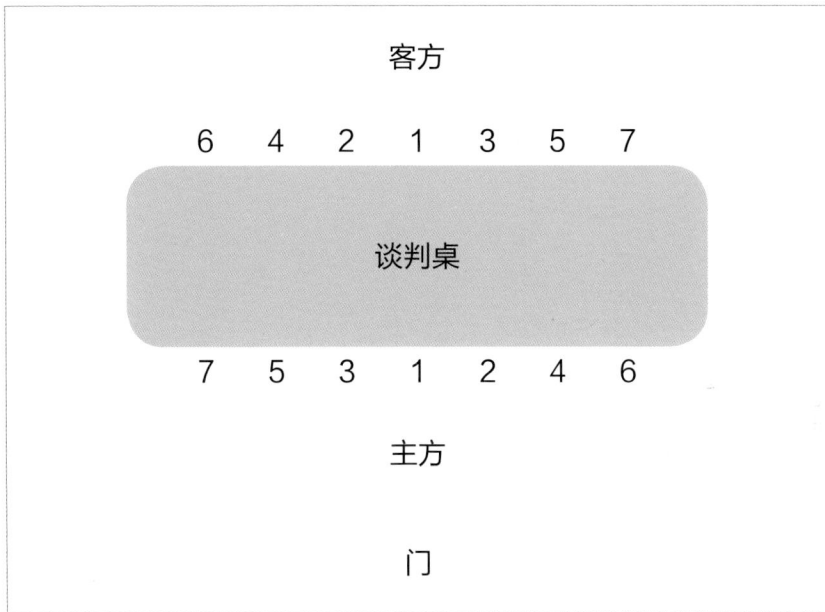

客方

6　4　2　1　3　5　7

谈判桌

7　5　3　1　2　4　6

主方

门

横桌式商务谈判座次

横桌式座次排列是谈判桌在谈判室内横放，客方人员面门而坐，主方人员背门而坐。

除双方主谈者居中就座外，各方的其他人士则应依其具体身份的高低，各自先右后左、自高而低地分别在己方一侧就座。

双方主谈者的右侧之位，在国内谈判中可坐副手，而在涉外谈判中则应由翻译员就座。

竖桌式座次排列是谈判桌在谈判室内竖放。具体排位是以进门时的方向为准，右侧由客方人员就座，左侧则由主方人员就座。在其他方面，则与横桌式排座相仿。

双边谈判时位次排列细节注意：

① 谈判桌准备：选择使用长方形桌或椭圆形桌子，宾主应分坐于桌子两侧。

② 横放谈判桌：面对正门的一方为上，应属于客方；背对正门的一方为下，应属于主方。

③ 竖放谈判桌：应以进门的方向为准，右侧为上，属于客方；左侧为下，属于主方。

④ 主谈判座次：各方的主谈人员应在自己一方居中而坐。

2. 多边谈判

多边谈判是由三方或三方以上人员所举行的谈判。多边谈判的座次排列，主要也可分为两种形式。

① 自由式

自由式座次排列，即各方人员在谈判时自由就座，而毋须事先正式安排座次。

② 主席式

主席式座次排列，是指在谈判室内，面向正门设置一个主席位，由各方代表发言时使用。其他各方人员，则一律背对正门、面对主席之位分别就座。各方代表发言后，亦需下台就座。

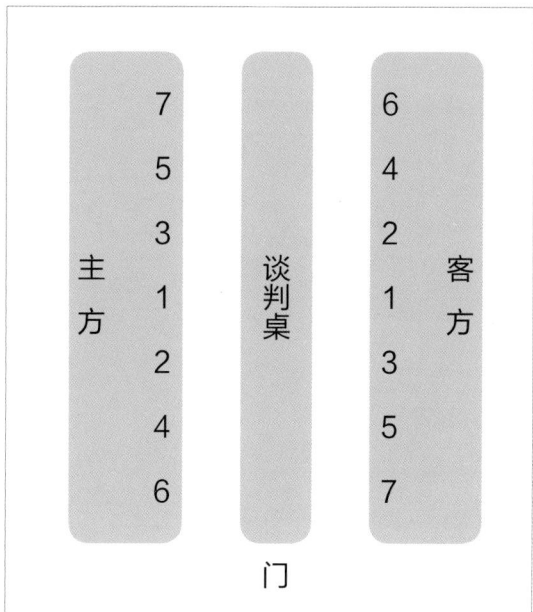

竖桌式商务谈判座次

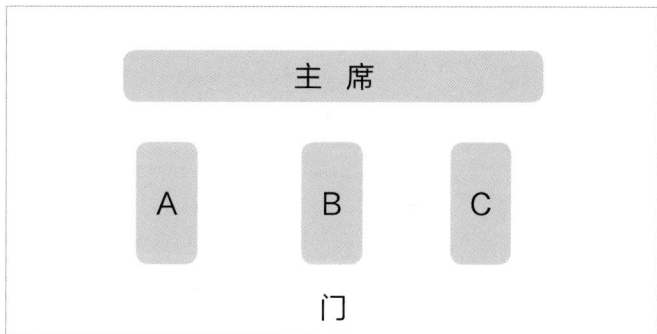

主席式商务谈判座次

签字座次礼仪

一般而言，举行签字仪式时，座次排列的具体方式共有三种，它们分别适用于不同的具体情况。

1. 并列式

并列式排座是举行双边签字仪式时最常见的形式。

签字桌在室内面门横放。双方出席仪式的全体人员在签字桌之后并排排列，双方签字人员居中面门而坐，客方居右，主方居左。

2. 相对式

相对式签字仪式的排座，与并列式签字仪式的排座基本相同。

二者之间的主要差别，只是相对式排座将双边参加签字仪式的随员席移至签字人的对面。

3. 主席式

主席式排座，主要适用于多边签字仪式。

签字桌仍须在室内横放，签字席设在桌后，面对正门，但只设一个，并且不固定其就座者。

举行仪式时，所有各方人员，包括签字人在内，皆应背对正门、面向签字席就座。签字时，各方签字人应以规定的先后顺序依次走上签字席就座签字，然后退回原位就座。

美国

一、商务礼仪

美国商人有外露、自信、热情、坦率和办事利落的性格特点。美国人乐于交际，不拘泥于正统礼仪。一般也不爱用"先生"、"太太"、"小姐"、"女士"之类的称呼，只有正式的商务交往中才使用。他们认为对关系较亲密的人直呼其名是一种友好的表示。

美国人通常不主动送名片给别人，只有双方想保持联系时才送。美国人遵守时间，很少迟到。交谈时喜欢与别人保持一定的距离，一般保持在50cm以外。

在美国等西方诸多国家，都有付小费的习惯。在美国付小费被认为是对服务人员提供服务的尊重和酬谢。

到美国人家里做客必须先打电话约定，事先未预约而登门是不礼貌的。

二、餐饮礼俗

美国人的餐饮习惯：忌油腻，喜清淡，喜欢吃咸中带甜的食品。美国人讨厌奇形怪状的食品，如鳝鱼、鸡爪、海参、猪蹄。忌脂肪含量高的肥肉和胆固醇含量高的动物内脏，喜欢用水果作配料。

三、禁忌

忌讳数字"13"和"星期五"。忌用一根火柴或打火机为3个人连续点烟。美国人很重视隐私权，忌讳被人问及年龄、婚姻及收入等个人私事。忌各种珍贵动物头形的商标图案。

加拿大

一、商务礼仪

加拿大人热情友好、性格开朗，文明礼貌而又不拘泥于礼仪，具有踏实务实的性格特点。

与他们交往不必过于自谦，不然会被误认为虚伪和无能。加拿大人常行握手礼，讲究实用礼貌语言，注重必要的礼仪。在商务活动中喜欢在高级饭店或俱乐部宴请客人。加拿大人时间观念很强，能按时赴约，不能按时赶到时，一定会打电话通知对方。

二、餐饮礼俗

加拿大人的饮食以面食为主，在口味上，喜食甜酸、清淡的食品。加拿大人的早餐有牛奶、土司、麦片粥、煎或煮鸡蛋和果汁。一般中、晚餐比较丰盛，晚餐是正餐，加拿大人最为重视。

加拿大人喜欢喝下午茶，苹果派等甜食品是他们在喝茶时喜爱品尝的食物。不少加拿大人嗜好饮酒，威士忌、白兰地、伏特加都很受欢迎。

三、禁忌

忌讳数字"13"和"星期五"。忌讳白色的百合花，白色的百合花表示死亡，只在开追悼会时才使用。

阿根廷

一、商务礼仪

阿根廷的许多风俗习惯都受到西班牙的影响，随着英国人的传统习俗和文化教育的不断渗透，使得那里的人们既有南欧人热情好动、爽快的脾气秉性，又不失西欧人彬彬有礼、温文尔雅的君子风度。

见面都要热情问候，彼此握手。熟人朋友见面还要拥抱或亲吻。广泛使用的称呼是"先生"和"夫人"。

去阿根廷人家里做客，可以给女主人送上一束鲜花或一盒包装精美的糖果，离开后不要忘记给主人写一封感谢信。人们喜欢谈论足球、旅游及当地的公园。阿根廷人喜欢唱歌、跳舞，是世界著名的"探戈"舞的诞生地。

二、餐饮礼俗

阿根廷人习惯吃欧式西餐。以米饭、面食为主食，副食主要是牛肉、羊肉、猪肉、禽蛋、海鲜、蔬菜、水果、豆类等，烤全羊、烤乳猪是招待贵宾的传统食品。饮料有茶水、咖啡、可可及酒类等，其中"马黛茶"是阿根廷人十分喜爱的饮料。

三、禁忌

除宗教禁忌外，阿根廷人忌讳别人送衬衫、领带等贴身用品，忌讳送公务性礼品。不喜欢菊花，认为它是一种妖花。不喜欢谈论有争议的宗教和政治问题。忌讳灰色，认为这种颜色阴郁、悲伤，因而要避免穿灰颜色的服装。严禁留胡须。

澳大利亚

一、商务礼仪

澳大利亚人性格开朗，待人热情，崇尚自由。见面时行握手礼，彼此以名字相称。澳大利亚人没有传统服装，平时穿着随便。

他们奉行"人人平等"的信条，遵从"女士优先"的社交原则。谦恭随和，遵时守约。严格区分工作时间和休息时间，下班绝不谈公事。喜爱袋鼠，偏爱琴鸟。

二、餐饮礼俗

澳大利亚人的饮食习惯与英国人相差不多，以英式西餐为主。喜食清淡，不喜欢辛辣口味。调味品放在桌上，客人可根据自己的口味选用。澳大利亚人喜欢吃新鲜蔬菜、煎蛋、炒蛋、火腿、鱼、虾、牛肉等。

三、禁忌

澳大利亚与英国禁忌基本相仿。忌讳兔子，因而以兔子图案为商标的商品会受到冷落。忌讳数字"13"和"星期五"。

意大利

一、商务礼仪

意大利人性格豪爽，为人正直，见面时习惯行握手礼，熟人之间多以招手示意。不可直呼其名，通常称"先生"、"夫人"、"小姐"等，喜欢别人称呼他们的头衔。戴帽的意大利男子在路上遇见友人时，会将帽沿向下拉一下，以示问候和敬意。在商务交往中，多穿三件套式西装。

与意大利商人会谈，或拜访意大利客商，事先必须打电话确认一下，因为意大利人不太注意按时赴约，有时甚至爽约。与意大利人的谈话内容可以是家庭、工作、新闻及足球，但不要与他们谈论政治和美国的橄榄球。

如被邀请到意大利人家中做客，礼物可带葡萄酒、巧克力或鲜花。送花的数量应送单数，不可送双数。

意大利人的商业观念是买卖双方地位对等，而不是"顾客至上"。

二、餐饮礼俗

意大利人喜欢吃米饭和面食，而且可将面食当菜肴。意大利人最喜欢的面食是通心粉、馄饨、葱卷。意大利人喜食海鲜，喜欢吃生的牡蛎及蜗牛，意大利人喜欢餐后吃水果，也有人喜欢喝酸牛奶。

酒是意大利人离不开的饮料，特别是葡萄酒，不论男女，几乎餐餐都喝。喝咖啡时，也会在其中掺入一些酒。在正式宴会上，每上一道菜便有一种不同的酒，而且用与其相应的杯子盛放。

三、禁忌

意大利人忌讳数字"13"和"星期五"。他们更忌讳13个人同坐一桌，认为这是不祥的兆头。意大利人送礼忌送菊花、手帕、丝织品以及亚麻制品。因为菊花是他们祭坟扫墓时才用的花。

开业典礼礼仪

开业典礼一般是指新的项目正式营业时举行的一种郑重的庆祝活动。为树立企业形象，扩大社会影响力，开业典礼是非常重要的商务仪式。

开业典礼的准备：

1. 提前做好媒体舆论宣传

一般可以采用传统媒体宣传及网络宣传等形式，以吸引公众的注意力，加强社会关注度。广告宣传的内容包括开业典礼举行的地点、日期、项目经营特色、正式开业初期对顾客的优惠程度等。

2. 邀请重要嘉宾，事先发送正式请柬

开业典礼的举办是否成功，很大程度上与参加庆典的嘉宾身份、人数等有重要的关系。因此，在开业典礼前确定邀请的嘉宾是非常重要的工作，可根据本次典礼涉及的内容，邀请上级政府领导、新闻媒体、社会知名人士、相关社会团体代表等人士参加，并提前发送正式请柬，以示对嘉宾的尊重与重视，原则上应提前20~30天发送，应派工作人员送上门，同时本次典礼的负责人应再次电话邀请以示诚意。本次典礼最重要的嘉宾，企业负责人应亲自上门面请以示尊重。如果是外地嘉宾，也可以用邮寄方式寄送请柬，再电话亲自邀请，以示慎重。

（请柬书写格式，见文书礼仪46页）

3. 现场环境的布置

开业典礼的地点可设在企业门口，也可设在项目所在地，现场四周可悬挂标语、横幅、彩带、灯笼等，在醒目之处摆放来宾赠送的牌匾、花篮、纪念品等，依惯例，举行开业典礼时宾主一律站着，一般可不布置主席台或座椅，可以在来宾或最重要的嘉宾站立之处铺设红地毯以示尊敬与隆重。在典礼开始之前，必须事先认真检查、调试音响设备、照明用具等，来宾的签到簿、饮料、本企业的宣传材料等也需检查到位，以保证开业典礼的顺利进行。

4. 事先做好礼品的馈赠工作

在开业典礼时，可依据本次活动的特色，赠予来宾一定的礼品或文字资料，一般可以从以下 4 个方面去做相应准备。

① 荣誉性：针对本次开业典礼特别设置的礼品具有一定的纪念意义，注明活动项目，受礼品人在本次活动中的身份等，使拥有者为之感到光荣且珍惜。

② 独特性：礼品的设计应当有本企业单位的特色，具有代表性，且与众不同，造型别致，一目了然。

③ 宣传性：可选用本企业单位的独有产品，也可在礼品袋内附加本企业简介或项目产品介绍等。

④ 便携性：礼品应当以便于携带为基本原则，且不易破损，便于保存。

正式的开业典礼大致分三段进行，即开场、过程、结束，具体程序如下：

1. 企业负责人首先致欢迎辞。

2. 上级领导致贺辞。

3. 来宾代表致贺辞。

4. 主办方引导来宾参观，介绍本企业经营模式、主要设施、特色产品等。

5. 与来宾进行简短座谈，沟通感情，征询意见。

6. 请来宾在留言簿上签字留言，合影留念。

开业典礼结束后，企业即正式对外营业，负责人及员工应恭敬地站立在大门旁迎接第一批顾客，注重言谈礼仪，用"欢迎光临"、"期待您再次光临"等表示欢迎与感谢，并赠予顾客一些纪念品或印有"×××开业典礼"字样的购物袋或礼物等。

新闻发布会礼仪

在商务运作模式中，召开新闻发布会是非常重要的一种宣传方式，新闻发布会又称记者招待会。各企业、政府、社会团体或个人都可以公开举行，邀请各新闻媒体的记者参加。举办新闻发布会可以快速地建立企业的社会形象与知名度，可将重要的成果及有价值的信息报告给所有新闻机构，让更多的社会人群所共知，是一种快捷、隆重、影响面较大的商务运作方式。

发布会的准备

新闻发布会的筹备，需要准备的事项较多，其中最重要的是做好时机的选择、发布会人员的安排、新闻媒体的邀请、发布会现场的布置、材料的准备等。

1. 时机的选择

在召开新闻发布会前有两点需明确：

一是新闻的社会价值。即针对某一需要发布的消息，是否具备召集新闻媒体、记者前来予以报道的新闻价值，要选择有特点的"由头"。

二是找准新闻发布的最佳时机。新产品推广的时机是否成熟，是否配合当期政府部门的政策举措，是否与本地重大活动相冲突，是否与其他单位的发布会在同一时期等，选择恰当的时机是新闻发布会取得成功的基础。

2. 新闻发布会人员的安排

首先应选择好主持人和发言人。主持人应由本企业单位的公关部长、办公室主任或者秘书长担任。新闻发言人应由本企业的主要负责人担任。发言人应在以往的工作中，在社会上有较好的口碑，与新闻媒体关系融洽，思维敏捷，素质修养极高。发言人是整个新闻发布会的关键点。

此外，发布会召开前应选择一批相貌端庄、善于接待的服务人员，且佩戴统一的徽章，并注明姓名、单位、部门和职务。

3. 新闻媒体的邀请

一般情况下，本次新闻发布会的目的是为了提高单位的知名度，扩大影响力而宣布某消息时，邀请的新闻单位可多多益善，如果是为说明、解释某一事件对本企业造成的不良影响时，应先邀请比较有影响力、有口碑的新闻单位，在确定邀请的新闻单位和记者后，至少应提前一周发出邀请，会前切记应再次电话提醒。

4. 发布会现场的布置

新闻发布会地点可选择在本企业、事件所在地，也可考虑在酒店、宾馆、报告厅等场合举行。小型发布会会场的桌子尽量选用圆形，以示主宾平等，气氛和谐，不可用方形桌子。大型发布会应设置主席台席位、记者席位、来宾席位等。

5. 材料的准备

发言提纲：是发言人在进行正式发言时的内容纲要，应言简意赅，紧扣主题，照顾全面。

问答提纲：事先设计记者发问提纲，预设问题，先行回答，供发言人参考。

报道提纲：事先准备一份发布信息的相关详细资料，提供给新闻记者，并列出本单位地点、名称、联系方式等，方便互相交流。

形象视频资料：包括光碟、录音 CD、图表、实物、照片等。

新闻发布会进行中的礼仪

会议签到：

工作人员热情迎接来宾，引领记者，嘉宾到事先准备好的签到簿上签名，留下单位、联系方式等信息，然后引领入座。

1. 遵守会议程序

主持人严格按照会议流程进行，一般不超过 2 小时，主持人、发言人讲话时间不宜太长，应预留记者提问的时间。对记者所提问题应逐一礼貌回答，友善对待提问偏激的个别记者。会前，主持人和发言人不单独会见记者或提供任何与本次发布会有关的信息。

2. 现场工作人员应积极配合，态度真诚

在新闻发布会中，接待记者的态度与服务态度可能将直接影响此次发布会的效果。作为现场工作人员应尽自己所能配合记者的工作，对记者的合理要求尽量满足，尊重记者及所属媒体单位，切忌态度傲慢、盲目尊大。

新闻发布会后的事宜

1. 集中整理会议资料

新闻发布会结束后，尽快整理出会议记录材料、现场问答回顾等，对本次发布会的工作人员、场地布置、接待与服务的细节等方面做一个全面的总结，汲取经验，交流心得，便于提升工作人员的能力、素质。

2. 快速收集社会各方面的反馈

① 收集参会者对本次发布会的总体反馈，找出优缺点便于日后改进。

② 收集新闻媒体的反馈。了解参会的新闻记者有多少人已发布了新闻稿件，及时准确地找出舆论倾向。

③ 关注各种媒体报道。若出现不利新闻，及时作出良好的应对方案。若有歪曲事实或不公正的报道，应立即联系发布媒体，说明真相，如果确实是本单位失误造成的不良影响，应主动通过新闻媒体表示致歉、改正以挽回其企业声誉与形象。

馈赠礼仪

馈赠的基本原则

1. 选择恰当的时机

要注意把握好馈赠的时机，包括时间的选择和机会的择定。就馈赠的时机而言，及时适宜是最重要的。我国是一个节日较多的国家，在传统节日相互赠送相应的礼品，会使双方感情更为融洽。另外，在对方的某些纪念日，以礼品相送也会起到很好的效果。一般说来，馈赠礼物贵在及时，超前滞后都达不到馈赠的目的。中国人很讲究"雨中送伞"、"雪中送炭"，即要注重送礼的时效性，因为只有在最需要时得到的才是最珍贵的，才是最难忘的。

2. 重视馈赠表达的情感性

礼品作为友好的象征物，其意义并不在礼品本身，而在于通过礼品所传达的友好情意，所谓"千里送鹅毛，礼轻情义重。"情义是无法用金钱来衡量的。"烽火连三月，家书抵万金。"同样说明了"情"的价值，丝毫也不夸张。就礼品的价值含量而言，礼品既有其物质的价值含量，也有其精神的价值含量。"折柳相送"也常为文人津津乐道。我们提倡"君子之交淡如水"，提倡"礼轻情意重"。一般情况下，我们不妨既要注意礼轻情意重，又要入乡随俗地择定适宜的礼物。著名作家肖乾当年访问一位美籍华人朋友，特意捎去几颗生枣核。他深深知道：朋友身在异国他乡，年纪越大，思乡越切。送去几颗故乡故土的生枣核，让它在异国他乡生根、开花、结果。果然那位美籍朋友一见到那几颗生枣核，便勾起了缕缕乡情，他把枣核托在手掌，仿佛觉得它比珍珠玛瑙还要贵重。

3. 强调馈赠的独创性

赠送具有独创性的礼品给人，往往可以令人耳目一新，既惊喜又感动，因为这等于是"特别的爱献给特别的你"。送人礼品，与做其他许多事情一样，是最忌讳"老生常谈"、"千人一面"的，往往一个用心挑选的、有创意的礼物会使人珍藏多年。选择礼品，应当精心构思，匠心独运，富于创意，这就是礼品的独创性。也会让接受者感受到你的心意与重视程度。

4. 注意馈赠礼品的不同禁忌

馈赠前一定要了解受礼者的喜好，尤其强调要避其禁忌。挑选礼品时，特别是在为交往不深或外地人士挑选礼品时，应当有意识地使赠品与对方所在地的风俗习惯一致，在任何情况下，都要坚决避免把对方认为属于忌讳的物品作为礼品相赠，这样才表明尊重交往对象。例如，中国人普遍有"好事成双"的说法，因而凡是大贺大喜之事，所送之礼，均好双忌单，但广东人则忌讳"4"这个偶数，因为在广东话中，"4"听起来就像是"死"，是不吉利的。再如，白色虽有纯洁无瑕之意，但中国人比较忌讳，因为在中国，白色常是悲哀之色和贫穷之色；同样，黑色也被视为不吉利，是凶灾之色、哀丧之色；而红色，则是喜庆、祥和、欢庆的象征，受到人们的普遍喜爱。另外，在我国大部分地区，老年人忌讳发音为"终"的钟，因为"送钟"与"送终"同音。恋人们反感于发音为"散"的伞。给夫妻不能送"梨"，"梨"与"离"同音，是不吉利的。如阿拉伯地区严禁饮酒；在西方药品不宜送人等。因此，在涉外交往中，要根据不同国家、地区的习惯与个人的爱好做些必要的取舍，赠礼问俗是我们不能忽视的。由于民族、生活习惯、生活经历、宗教信仰以及性格、爱好的不同，不同的人对同一礼品的态度是不同的，因此，我们要把握住"投其所好、避其禁忌"的原则，这也是馈赠礼仪的一个重要标准。

1972 年，尼克松总统准备访华，急于寻求能代表国家的礼物。美国保业姆公司闻讯后，趁此良机，向尼克松总统献上公司生产的一尊精致的天鹅群瓷器珍品，因为瓷器的英文 china，也具有"中国"的意思，尼克松一见，大喜过望，于是把这尊具有双重意义而且具有很高艺术价值的瓷器珍品带到了中国。

馈赠礼品的礼仪与禁忌

1. 重视包装

在商务场合赠送礼品，尤其是在正式环境下赠送礼品，在相赠之前，为表示重视与尊重，一般都应当认真进行包装。把礼品放入特制的礼品盒或用专门的纸张包裹礼品等。礼品经过包装就像穿了一件漂亮的外衣，可显示出品质，而且还会使受赠者感到自己备受重视。

2. 举止大方

赠送礼品时，应举止大方自然，表现适当。一般在与对方会面之后，届时应起身站立，走近受赠者，双手将礼品递给对方，表示正式赠送。若同时向多人赠送礼品，应先长辈后晚辈、先女士后男士、先上级后下级，按照次序，依次进行赠送。礼品通常应当亲自递到对方手中，不宜放下后由对方自取。如礼品过大，可请他人帮忙施以援手，赠送者本人与协助者一起递交给受礼者。

3. 寓意说明

在正式馈赠的时刻，应同时给予祝福或认真、适当的说明。一是说明为何原因送礼，如若是祝贺公司开业，可说"祝您生意兴隆"；二是说明自己的态度，应当实事求是地说明自己的心意，比如"这是我为你精心挑选的"、"相信你一定会喜欢"等。送礼时不要自我贬低，说什么"没有准备，临时才买来的"、"没有什么好东西，凑合着用吧"，等等；三是说明礼品的用途，对较为新颖的礼品可以简单介绍、说明礼品的用途、用法；四是说明礼品的寓意，在送礼时，介绍礼品的寓意，多说一些吉祥话，是必不可少的。

馈赠礼品的选择

1. 根据馈赠目的选择礼品

① 朋友生日送贺卡、蛋糕、服饰。

② 节日庆祝送应节时令食品。

③ 公司庆典一般送鲜花、牌匾。

④ 慰问病人可以送鲜花、营养品。

⑤ 走亲访友送水果、健康食品。

⑥ 旅游归来送当地特产、人文景观纪念品。

2. 根据馈赠对象选择礼品

① 考虑彼此的关系现状，赠送恰当的礼品。

如：亲属关系、性别关系、友谊关系、商务关系等。亲属关系的应送较为实际、耐用的礼品。性别不同赠送礼品有所顾忌，男女士之间赠送礼品以大方为原则，不可送涉及隐私的礼品。具有深厚友谊的朋友，应该是最了解相互的喜好的，赠送礼品时可依据对方爱好来选择。如果是赠送商务伙伴应多注重礼品的外在装饰与个性化的兼顾。

② 依据受赠对象的爱好与需要，选择赠送礼物的类型。

如：给爱好旅游者送地方特色纪念品、给书法爱好者送文房四宝、给爱集邮者送纪念邮册、给音乐爱好者送乐器等。

馈赠鲜花的礼仪

在大自然中最好的礼物，莫过于鲜花了。不同的鲜花有着不同的寓意，花儿也是有语言的。读懂花的语言，我们可以借助鲜花来表达各种感情与愿望，花语虽无声，但其中的涵义和情感表达甚于言语。掌握鲜花馈赠礼仪，祝你在职场更添文雅与风采！

不同花卉所代表的含义

玫瑰——爱情、爱与美、容光焕发

玫瑰（红）：热情、热爱着你

玫瑰（粉红）：感动、爱的宣言、铭记于心

玫瑰（白）：天真、纯洁、尊敬

郁金香——爱的表白、荣誉、祝福永恒

郁金香（红）：爱的宣言、喜悦、热爱

郁金香（粉）：美人、热爱、幸福

康乃馨——母亲我爱您、热情、真情

康乃馨（红）：相信你的爱

康乃馨（粉红）：热爱、亮丽

康乃馨（白）：吾爱永在、真情、纯洁

水仙——多情、想你

西洋水仙：期盼爱情、爱你、纯洁

黄水仙：重温爱情

向日葵 ——爱慕、光辉、忠诚

山茶花 ——可爱、谦让、理想的爱、了不起的魅力

牡丹——圆满、浓情、富贵

秋牡丹：生命、期待、淡淡的爱

菊花——清净、高洁、我爱你、真情

翠菊：追想、可靠的爱情、请相信我

万寿菊：友情

百合——纯洁、百年好合

百合（白）：纯洁、庄严、心心相印

百合（黄）：衷心祝福

花朵支数代表的含义

1 支：你是我的唯一

2 支：你浓我浓，二人世界

3 支：我爱你

4 支：誓言、承诺

5 支：无悔

6 支：顺利

7 支：喜相逢

8 支：弥补

9 支：坚定的爱，天长地久

10 支：完美、十全十美

11 支：一心一意

12 支：心心相印

13 支：暗恋

14 支：好聚好散

15 支：青春美丽

16 支：爱的最高点

17 支：此情不渝

18 支：最爱

22 支：双双对对

24 支：思念

30 支：请接受我的爱

33 支：我爱你三生三世

36 支：我心属于你，我的爱只留给你

44 支：至死不渝

48 支：挚爱

50 支：无怨无悔

51 支：我心中只有你

56 支：吾爱

57 支：吾爱吾妻

66 支：真爱不变

77 支：喜相逢

88 支：用心弥补

99 支：长相厮守

100 支：白头偕老、百年好合

101 支：唯一的爱、执着的爱

108 支：求婚

111 支：无尽的爱、爱你一生一世

144 支：爱你生生世世

365 支：天天想你

999 支：天长地久

1001 支：直到永远

与下属相处的工作礼仪

　　在职场上，领导与下属的相处也是一门学问，如何不失自己的威严，又能成为一个受下属欢迎的领导呢？作为领导，需要了解的是，威信不是建立在一味地对下属苛刻严厉的基础上，只有对下属友好与尊重、晓之以情、动之以理，多从下属的角度出发考虑问题，才能真正成为一个有人格魅力的领导。

　　在与下属相处的过程中，需要上司注意的礼仪规范有以下内容：

1. 善于体谅，尊重下属

　　对待下属应该和蔼可亲，这样才会得到对方同样的反馈。尊重你的下属就是尊重你的权利，你可以适当地赞美你的下属，及时认同他们的工作，有利于提高工作的积极性，变"要我工作"为"我要工作"。而不应动辄批评、鄙视，虽然他们在工作上是下属，但在人格上是平等的。如果下属确实有错，在批评时也要注意就事论事，不要突显自己的优越地位。更不要因为自己的过失而去责怪别人，领导要自己勇于承担责任。

2. 遵守承诺，言行一致

　　作为上司不要轻易承诺，若已许下的承诺，应言出必行，言而有信，努力办到。若实在无法办到也应尽快作出解释，说明原由，得到谅解，不可对所承诺的事不负责任，不了了之。经常不守承诺的领导，是很难获得下级尊敬的。而且，也会让下属造成自我原谅的习惯，在工作中缺失诚信与效率。

3. 严格自律，以身作则

对于公司或企业制定的相关规章制度，作为上司应严格自律，而不应凌驾于制度之上，以身作则的领导才是让下级心服口服的榜样。

4. 包容下级，切忌心胸狭窄

下属难免会有犯错的时候，作为上司应多包容体谅，容人所短，择人所长，在工作中豁达大度、宽以待人。以与人为善为出发点，对有能力、有威胁性的下属，切忌心胸狭窄，以职权之便压制下属，嫉贤妒能。

5. 鼓励下级，虚心接受建议

在工作中，经常会有许多问题出现，上司应鼓励下属多提意见，奖励那些敢于提出不同意见的下属。只有言路畅通，下级才敢于表明自己的看法与态度，才更有利于工作的开展，作为上司广开言路，集思广益，笑纳逆耳忠言，及时修正错误，才能赢得下属的真正佩服。狭隘的领导方式只会使下属不敢发表自己的见解，产生不被上级信任的感觉，长久以往心存芥蒂，缺乏沟通和理解，很难有良好的上下级关系。

6. 尊重异性，杜绝性别歧视

在工作中，部分男上司对异性下属存在不少的偏见和歧视。有的领导太过于关照女性，没能正视女性的工作能力，还有的领导对女性下属太过于严苛，忌讳女性琐事的拖累等都是不正确的。

在工作交往过程中，上司要注意以下几点：

① 在公共场合与下属保持距离，言谈举止应注意分寸。

② 在办公室谈工作保持有第三人在场。

③ 重视女性下属的工作能力，给予平等的工作机会。

④ 不单独与女性下属出差或去娱乐场所。

⑤ 尊重女性的隐私和权利。

本书编委会

主 编 余 静

编 委 廖名迪 贺梦瑶 谭阳春 李玉栋

图书在版编目（CIP）数据

赢在礼仪 / 余静主编. —沈阳：辽宁科学技术出
版社，2013.2

ISBN 978-7-5381-7856-2

I. ①赢… II. ①余… III. ①礼仪—青年读物 IV.
① K891.26—49

中国版本图书馆 CIP 数据核字（2013）第 013708 号

如有图书质量问题，请电话联系
湖南攀辰图书发行有限公司
地址：长沙市车站北路 236 号芙蓉国土局 B 栋 1401 室
邮编：410000
网址：www.penqen.cn
电话：0731-82276692　82276693

出版发行：辽宁科学技术出版社
　　　　　（地址：沈阳市和平区十一纬路 29 号　邮编：110003）
印 刷 者：长沙市永生彩印有限公司
经 销 者：各地新华书店
幅面尺寸：185mm × 210mm
印　　张：6
字　　数：210 千字
出版时间：2013 年 2 月第 1 版
印刷时间：2013 年 2 月第 1 次印刷
责任编辑：卢山秀 攀 辰
摄　　影：龙 斌
封面设计：添翼图文设计室
版式设计：攀辰图书
责任校对：合 力

书　　号：ISBN 978-7-5381-7856-2
定　　价：24.80 元
联系电话：024-23284376
邮购热线：024-23284502
淘宝商城：http://lkjcbs.tmall.com
E-mail：lnkjc@126.com
http://www.lnkj.com.cn
本书网址：www.lnkj.cn/uri.sh/7856